말 잘하고 글 잘 쓰는 표현사전

글 최형미

대학에서 국문학을, 대학원에서 문예 창작을 공부했습니다. '작가란, 사람들이 잊고 있는 기억을 찾아내어 반짝거리게 만들어 주는 사람'이라는 말을 가장 좋아합니다. 설탕이 솜사탕처럼 부풀어 많은 친구들을 달콤하게 해 주는 것처럼, 상상에 불과했던 조각들이 한 권의 책으로 나와 친구들을 즐겁게 해 줄 때 가장 행복합니다. 그래서 호호 할머니가 될 때까지 작가로 사는 게 꿈입니다.

지금까지 지은 책으로 『소문 바이러스』 『행운 바이러스』 『우리 모두 주인공』 『얼렁뚱땅 크리에이터』 『감정 부자가 된 키라』 『우리 집이 위험해』 『잔소리 없는 엄마를 찾아 주세요』 『스티커 전쟁』 『내가 먼저 말 걸기』 『언제나 사랑해』 등이 있습니다.

그림 최해영

어릴 때부터 그림 그리기를 좋아했고, 골목대장이었습니다. 어린 시절 만날 골목에서 뛰어놀던 추억을 떠올리며 재미있고 따뜻한 그림을 그리려 합니다. 그린 책으로 『선사 시대 제물이 된 찬이』 『또 하나의 가족 반려동물』 『우리말도 못 알아듣는 바보』 『시간 도둑과 사라진 방학』 『내 꿈이 제일 좋아』 등이 있습니다.

말 잘하고 글 잘 쓰는 표현사전 글 최형미 그림 최해영

초판 1쇄 발행 2021년 1월 15일 초판 3쇄 발행 2024년 1월 2일
펴낸이 김병오 외주편집 고양이 편집장 이향 편집 조웅연 김샛별 안유진 디자인 정상철 배한재
홍보마케팅 한승일 이서윤 강하영 펴낸곳 (주)킨더랜드 등록 제406-2015-000037호
주소 경기도 파주시 회동길 512 B동 3F 전화 031-919-2734 팩스 031-919-2735
ISBN 978-89-5618-955-0 74080
제조자 (주)킨더랜드 제조국 대한민국 사용연령 8세 이상

말 잘하고 글 잘 쓰는 표현사전 ⓒ 2021 최형미 최해영
• 신저작권법에 의해 한국 내에서 보호를 받는 저작물이므로 무단전재와 복제를 금합니다.
• 종이에 손이 베이거나 모서리에 다치지 않게 주의하세요.

머리말

**정확하고 바르게, 느낌 있고 개성 있게
효과적인 표현으로 내 생각을 전달해요!**

'말 한마디로 천 냥 빚을 갚는다.'라는 속담을 들어 본 적 있나요? 정말 말 한마디를 잘하면 큰 빚도 갚을 수 있을까요? 때에 따라서는 진심을 잘 표현한 말 한마디가 큰돈보다 더 가치 있기도 한 것 같아요. 우리는 누군가의 말 한마디에 행복을 느끼기도 하고, 큰 상처를 받기도 하거든요.

내 생각과 감정을 말이나 행동으로 나타내는 것을 우리는 '표현'이라고 해요. 살다 보면 생각보다 자신의 생각이나 감정을 말이나 글로 표현해야 하는 일이 많아요. 그런데 많은 사람이 자신의 생각과 감정을 말이나 글로 표현하는 것을 어려워해요. 몰라서 그렇기도 하고, 부끄럽기도 하고, 타고난 성격 때문이기도 해요. 하지만 표현을 제대로 하지 못하면 내 생각이나 마음과 달리 오해를 불러일으키기도 하고 다툼이 일어나기도 해요. 말은 그나마 나은데 글로 표현하는 것은 더 어려워요. 표정이나 행동을 더하지 않으니 글로 인한 오해가 더 많을 수 있어요.

　태어나면서부터 배우고 써 온 우리말로 표현하는 게 어렵다고 느끼는 이유는 무엇일까요? 한글은 처음 글자를 배우기는 쉽지만, 글자를 배우는 것과 글을 배우는 건 큰 차이가 있기 때문이에요. 내 생각과 감정을 정확하고 바르게, 또 나만의 개성을 담아 표현하려면 노력과 연습이 필요한 이유이지요.

　어떤 노력과 연습이 필요하냐고요? 가장 기본이 되는 말하기와 듣기, 읽기와 쓰기에 관해 공부해 두는 거지요. 이론을 익히는 것도 중요하지만 자연스럽게 생활 속에서 말하기와 글쓰기 연습을 반복해 나가다 보면 어느새 나만의 표현법을 찾게 될 거예요. 그럼 지금부터 동화 속 친구들은 말하기와 글쓰기에 어떤 어려움을 겪었는지 살펴보기로 해요.

최형미

머리말 • 8

어떻게 말할까? 말 잘하는 어린이 · 잘 듣는 어린이

눈물의 국어 시간 • 14
어떻게 할까? 1. 나를 표현하기 2. 친구를 관찰하고 표현하기 • 22
하나 더-다의어 • 27

로봇 윤아를 바꿔 줘! • 28
어떻게 할까? 1. 감정 표현하기 • 34
하나 더-꾸미는 말 • 37

오늘의 대화는 안녕하세요? • 38
어떻게 할까? 1. 대화할 때 상황과 상대 고려하기 2. 상황에 맞게 말하기 • 44
하나 더-높임말 • 47

제대로 들은 거 맞아? • 48
어떻게 할까? 1. 경청하는 자세 • 56
하나 더-동음이의어 • 59

어떻게 쓸까? 잘 읽는 어린이·잘 쓰는 어린이

책을 대하는 우리의 자세 · 62
어떻게 할까? 1. 바람직한 독서 자세 · 68
하나 더-문장 부호의 종류와 쓰임 · 71

일기가 무서워 · 72
어떻게 할까? 1. 일기 쓰기 2. 다양한 형식의 일기 · 78
하나 더-문장의 종류 · 85

네가 읽은 책을 알려 주마 · 86
어떻게 할까? 1. 독서 감상문 쓰기 2. 책의 종류에 따른 독서 감상문
3. 여러 가지 형식의 독서 감상문 · 92
하나 더-중심 문장과 뒷받침 문장 · 97

낱구를 찾아서 · 98

어떻게 할까? 1. 누구나 이해할 수 있는 설명문 2. 설명문 쓰기 · 106
하나 더-사실과 의견 · 111

삼총사의 우정을 근거로! · 112
어떻게 할까? 1. 주장하는 글 2. 문장 이어 쓰기 연습 · 118
하나 더-접속어 · 121

돋보이는 말하기 눈에 띄는 글쓰기 · 123

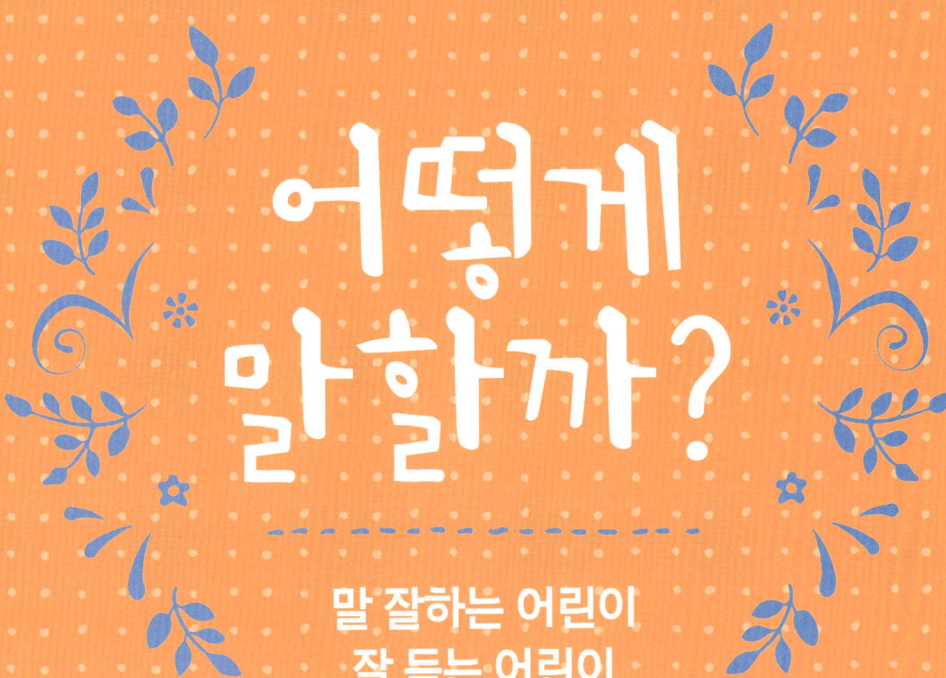

어떻게 말할까?

말 잘하는 어린이
잘 듣는 어린이

눈물의 국어 시간

"내일 국어 시간에는 '나에 대해 말하기'를 해 볼 거예요. 그러니 내일까지 자기소개를 준비해 오세요. 3분 동안 발표할 수 있도록 내용을 생각해 오면 돼요."

'나에 대해 말하기'를 한다는 선생님 말에 시윤이는 너무나 놀랐어요. 아직 친구들이랑 친해지지도 못했는데 교실 앞에 나가 발표를 하라니요? 시윤이는 부끄러워서 못 할 것 같아요. 하지만 선생님에게 못 하겠다고 말하는 건 더 창피해요.

학교에서 집으로 돌아간 시윤이는 엄마와 '나에 대해 말하기'를 연습하기로 했어요.

"시윤아, 너무 걱정하지 마. 엄마가 도와줄게. 우선 엄마 앞에서 한번 해 볼래?"

"아, 안녕하세요? 저, 저는 안시윤입니다. 나이는 열 살입니다. 가족은 아빠, 엄마, 저 이렇게 세 명입니다……."

시윤이는 이름, 나이, 가족 관계를 말하고 나니 더 이상 할 말이 떠오르지 않았어요.

"시윤아, 10초밖에 안 지났어. 조금 더 이야기해 봐."

"3분은 너무 길어요. 그 긴 시간 동안 무슨 이야기를 해요?"

시윤이의 말에 엄마가 빙그레 웃으며 말했어요.

"그냥 너에 대해서 말하면 돼. 네가 좋아하는 거나 잘하는 걸 이야기해도 좋고."

"아, 그럼 레고 조립 좋아한다고 이야기해도 돼요? 아, 줄넘기 잘하는 것도요?"

"그런 내용도 좋지. 이제 처음부터 다시 해 보자."

"아, 안녕하세요? 저, 저는 안시윤입니다. 어, 그러니까 음, 저는 열 살입니다. 저, 저는 가족이 아빠, 엄마, 저 이렇게 세 명입니다. 그리고 또 제가 조, 좋아하는 것은 레, 레고 조립입니다. 그리고 또 저는 어, 그러니까 제가 잘하는 것은, 주, 줄넘기입니다."

시윤이는 발표를 한다고 생각하니까 긴장이 돼서 그나마도 자꾸 틀렸어요. 게다가 아직 시간을 다 채우지 못했는데 다른 이야기가 더 이상 생각나지 않았어요.

"아, 못 하겠어요. 내일 학교에 안 가면 안 돼요?"
"시윤아, 자기소개가 어려워서 학교에 안 간다고? 그냥 편하게 생각해. 용재랑 미나랑 이야기한다고 생각하면 어때? 너무 어렵게 생각하지 말고. 다시 연습해 볼까?"

시윤이는 연습을 거듭해도 발표하기 어려워했어요. 결국 자기소개 내용은 엄마가 정리해 주었어요. 하지만 시윤이는 너무 걱정된 나머지 잠까지 설치고 말았어요.

다음 날, 학교에 간 시윤이는 아침부터 내내 떨렸어요. 국어 시간이 오지 않기를 기도했지만 그럴 일은 없었지요. 국어 시간을 알리는 수업 종이 울리자 시윤이의 한숨은 더 깊어졌어요.

선생님은 칠판에 '나에 대해 말하기'라고 커다랗게 적었어요.

"오늘은 어제 이야기한 대로 '나에 대해 말하기'를 하겠어요."

아직 시작도 안 했는데 시윤이 손에서는 식은땀이 났어요. 짝꿍은지 몰래 바지에 땀을 닦아 보기도 했지만 소용없었어요. 시윤이는 긴장되고 무서워서 심장도 쿵쿵 뛰었어요.

시윤이는 부끄럼쟁이예요. 처음 보는 사람과는 눈도 잘 마주치지 못해요. 그래서 친구가 한 명도 없냐고요? 그건 아녜요. 친해지면 괜찮아요. 시윤이와 마음이 찰떡처럼 잘 맞는 단짝 친구들도 있는걸요. 물론 그만큼 친해지려면 시간이 필요해요. 하지만 지금은 새로운 학년이 시작된 지 일주일밖에 되지 않아 선생님이나 반 친구들과 친해질 시간이 부족했어요.

"자, 그럼 누가 먼저 해 볼까? 음, 중간 번호 친구 중에서…… 그래, 12번 안시윤이 해 보자."

시윤이의 심장이 덜컹 내려앉았어요. 그냥 발표하는 것도 힘든데 첫 번째라니요.

시윤이는 자리에서 일어나 교탁이 있는 곳까지 걸어가면서 얼마나 떨었는지 몰라요. 머릿속이 깜깜해지면서 어제 엄마와 연습했던 자기소개 내용은 저 멀리 사라졌어요.

"아, 안녕하세요? 저, 어, 저, 저는 열 살입니다. 그, 그리고 어, 저는 한마음 아파트에 살고, 그리고 저는, 저는 또, 어, 그러니까 가족은 아빠, 엄마, 저입니다. 감사합니다."

시윤이는 용기를 짜내서 더듬더듬 생각나는 대로 이야기했지만, 자기가 무슨 이야기를 하는 줄도 몰랐어요.

발표를 마친 시윤이는 반 아이들을 둘러보았어요. 아이들의 표정이 어리둥절했어요. 너무 작게 말해서 그마저도 잘 듣지 못했을 거예요. 너무 긴장을 하니까 점점 목소리가 작아지더라고요.

"처음으로 발표하는 건 누구나 힘든 일이야. 용기를 낸 시윤이에게 우리 박수 쳐 주자."

선생님의 말에 아이들이 로봇처럼 박수를 쳤어요.

"시윤이가 잘하기는 했다만 목소리가 작아서 아쉬웠어. 그리고 자기소개 할 때에는 이름도 꼭 말해 주자. 그럼 다음 친구가 해 볼까?"

선생님이 웃으며 어깨를 토닥여 주었지만, 시윤이는 너무 부끄럽고 속상해서 울고만 싶었어요. 게다가 시윤이 다음 발표한 서연이가 생글생글 웃으면서 너무나 잘하는 바람에 더 비교되었어요.

시윤이는 자기가 발표할 때 왜 말할수록 목소리가 작아졌는지 곰곰 생각해 봤어요. 그러고 보니 자기소개 내용을 채울 때부터 자신이 없었던 것 같아요. 어떤 내용을 채워야 좋을지 도무지 떠오르지 않았거든요. 엄마가 짜 준 내용을 가까스로 외웠지만 긴장하니 생각나지 않았던 거지요.

'나에 대해 말하기'를 자신 있게 하려면 어떻게 해야 하는 걸까요?

어떻게 할까?

나의 성격이나 장단점에 대해 생각해 본 적 있나요? 좋아하는 것과 싫어하는 것이 무엇인지 잘 알고 있나요? 그리고 생각한 내용을 정리해서 다른 사람에게 이야기해 보았나요? 내가 어떤 사람인지 표현하는 일은 언뜻 어려워 보이지만 잘 표현하면 상대방이 나에 대해 더 잘 이해할 수 있어요. 더불어 친구의 표정, 말투, 행동 등을 잘 관찰해 보면 그 사람만의 특징을 발견할 수 있을 거예요. 관찰한 내용을 바탕으로 친구를 소개해 보세요. 서로 관찰하고 이해하고 표현하는 일은 친구가 되는 첫걸음이랍니다.

1. 나를 표현하기

① 나의 겉모습을 다른 사람에게 표현할 수 있어요.

- 나는 키가 작아.
- 나는 키가 커.
- 나는 머리가 길어.
- 나는 눈이 커.
- 나는 손가락이 길어.
·
·
·
·

② 나의 성격을 다른 사람에게 표현할 수 있어요.

성격을 표현하는 말은 아주 다양해요.
내 성격을 표현하는 말을 찾았나요?
수줍다, 부끄럽다, 짓궂다, 씩씩하다,
활발하다, 명랑하다, 예민하다, 새침하다,
쌀쌀맞다, 상냥하다, 친절하다 등
다양한 표현을 활용해서 이야기해 보세요.

나는 부끄러움이 많아.

나의 성격은, _____

_____

③ 내가 좋아하는 것과 싫어하는 것을 표현할 수 있어요.

나를 소개할 때 좋아하는 것과 싫어하는 것을 이야기할 수 있어요. 내가 어떤 음식, 계절, 놀이 등을 좋아하는지 생각해 보아요. 특별히 싫어하는 것이 있다면 덧붙여도 좋아요.

· 나는 겨울을 좋아해.
· 나는 더운 걸 싫어하지만 더운 날 물놀이하는 건 좋아해.
· 나는 자전거 타기를 좋아해.
· 나는 매운 음식을 싫어해.
·
  _____
·
  _____

④ 나의 장점과 단점을 말해 보아요.

누구에게나 장점과 단점이 있어요. 시윤이의 장점과 단점을 살펴보고 나의 장점과 단점은 무엇인지 생각해 보아요.

나의 장점은 부지런하다는 거야. 나는 숙제를 미루지 않아.

나의 장점은,

나의 단점은 수줍음이 많다는 거야. 부끄러워서 해야 할 말을 제대로 하지 못할 때가 많아.

나의 단점은,

2. 친구를 관찰하고 표현하기

① 내 친구나 가족에 대해 표현해 보아요.

친구나 가족과 함께 서로 특징을 이야기해 보아요.

시윤이 너는 이해심이 많고 배려심이 많아. 친구들의 이야기를 잘 들어 주니까.

수줍음이 많아서 친구들의 이야기를 듣기만 할 때가 많았는데 그런 내 모습이 장점으로 보일 수도 있구나.

② **상대방의 표정을 관찰하고 표현해 보아요.**

친구를 관찰해 보고 소개해 보아요. 내 친구는 평소 어떤 모습인가요? 친구의 표정, 말투나 행동 등을 살펴보고 친구의 특징을 이야기해 보세요.

깜짝깜짝 놀라게 하는 무서운 이야기는 너무 싫어.

시연

나는 친구들을 웃겨 주는 게 너무 좋아.

철수

흑흑. 나는 조금만 슬픈 이야기를 들어도 눈물이 나.

채은

다의어

어떤 말은 두 가지 이상의 뜻을 갖고 있기도 해요. 그리고 그 뜻이 서로 관련이 있어요. 그런 말을 '다의어'라고 불러요. 우리가 자주 쓰는 말 중에 다의어가 있는지 살펴볼까요?

'다리'를 사전에서 찾아보면, 이렇게 네 가지 뜻이 나오지요.
❶ 사람이나 동물의 몸통 아래에 붙어서 딛고 서거나 걷고 뛰는 일을 맡은 신체의 부분.
❷ 물건 아래 붙어 물건이 직접 땅에 닿지 않게 하거나 높이 있도록 버티어 놓은 부분.
❸ 오징어나 문어 따위의 동물 머리에 여러 개 달려 있어, 헤엄을 치거나 먹이를 잡는 촉각을 가진 기관.
❹ 안경의 테와 붙어서 귀에 걸게 된 기다란 부분.
이 네 가지 뜻을 잘 살펴보면 조금씩 연관되어 있지요.

다의어를 잘 구분하여 알맞게 쓰면 나의 생각을 표현할 때 큰 도움이 되겠지요? 아래의 단어들을 사전에서 찾아 뜻을 써 보세요.

머리

꾸미다

로봇 윤아를 바꿔 줘!

"윤아야, 안녕? 오늘 날씨 참 좋지?"

현수는 자리에 앉는 윤아를 보며 상냥하게 인사했어요. 하지만 윤아는 "안녕." 하고 딱딱하게 답하더니 자리에 앉았어요.

"윤아야, 오늘 무슨 일 있어?"

현수는 윤아에게 무슨 기분 나쁜 일이 있나 걱정이 되어 조심스레 물었어요. 하지만 윤아는 말없이 고개만 저었어요. 그러더니 가방 속에서 책을 꺼내 읽기 시작했어요.

현수는 윤아에게 이것저것 물어보고 싶었지만 책 읽는 데 방해가 될까 봐 더 이상 아무 말도 하지 않았어요.

현수는 짝꿍 윤아가 정말 좋아요. 윤아를 생각하면 괜히 웃음이 나고 가슴이 콩닥콩닥 뛰어요.

"윤아야, 나는 너랑 짝꿍이 돼서 참 좋아. 우리 잘 지내자."

윤아랑 짝꿍이 된 날, 현수는 너무 기뻐서 먼저 말을 걸었어요. 그런데 윤아는 현수의 말에 기뻐하지도 싫어하지도 않았어요. 고개를 끄덕인 걸로 봐서는 윤아도 현수랑 잘 지내고 싶은 건가 하는 생각이 들었지만 표정을 보면 아닌 것 같기도 하고, 뭔가 알쏭달쏭했어요.

현수는 아무리 봐도 윤아가 기분이 나쁜지, 좋은지, 슬픈지, 즐거운지 알 수가 없었어요. 윤아가 로봇이 아닐까 하고 생각한 적도 있을 정도예요. 윤아는 감정 표현을 거의 안 하거든요.

윤아는 평소에 말도 별로 없어요. 누가 뭘 물어도 짧게 대답하고 말이에요. 게다가 현수가 맛있는 젤리나 과자를 나누어 줘도 시큰둥하고, 뒷자리에 앉은 민수가 윤아의 머리를 잡아당기며 놀려도 아무 반응이 없어요.

사실 현수는 같은 반 여자 친구들 사이에서 인기가 꽤 좋은 편

이에요. 아마도 친구들에게 늘 자상하고 친절하기 때문일 거예요. 같은 반인 미나랑 민지, 은희는 현수에게 잘생겼다고도 하고 멋있다고도 해요. 그래도 현수는 윤아의 마음이 가장 궁금해요.

1교시 수업 종이 울렸어요. 책을 읽던 윤아가 가방에서 무언가 찾다가 움찔하더니 조그맣게 한숨을 내쉬었어요. 현수는 짝꿍이 된 뒤로 윤아가 한숨 쉬는 걸 처음 봐서 깜짝 놀랐어요.

"윤아야, 무슨 일 있어?"

"숙제한 걸 안 가지고 왔어."

"정말? 어떡해……."

숙제를 안 가지고 온 윤아보다 현수가 더 걱정스러운 표정을 지었어요. 하지만 윤아는 조그맣게 한 번 더 한숨을 내쉬더니 곧 평소처럼 무표정한 얼굴이 되었어요.

"모두 숙제한 것 꺼내 보세요."

현수는 괜히 조마조마해졌어요. 윤아가 선생님에게 야단맞으면 어쩌나 걱정이 되었지요. 선생님이 조금씩 가까워질수록 현수는 점점 더 안절부절못했어요. 반대로 윤아는 여전히 무표정한 얼굴이었고요.

"자, 어디 보자. 우리 현수는 글씨를 정말 또박또박 잘 쓰는구나."

현수는 선생님의 칭찬에도 윤아가 속상해할까 봐 신경 쓰여 기쁜 줄도 몰랐어요.

"어머, 윤아는 숙제 안 해 왔니?"

"했는데 안 가져왔어요."

"숙제를 안 가져오면 안 한 것이나 마찬가지라고 했지? 윤아는 오늘 10분 동안 서서 수업 들으렴."

선생님의 말에 현수는 억울하고 속상했어요. 윤아도 분명 숙제를 열심히 했을 거예요. 윤아가 숙제를 안 해 온 적은 없었거든요.

게다가 오늘은 숙제를 안 해 온 친구가 윤아뿐이었어요. 그래서 윤아 혼자 서서 수업을 받아야 했어요.

현수는 이런 상황에서도 무표정한 얼굴로 서 있는 윤아가 걱정되면서도 신기했어요. 현수라면 속상하고 창피해서 찔끔찔끔 눈물이 날 것 같았거든요.

'윤아는 얼마나 창피할까? 얼마나 다리가 아플까?'

현수는 윤아가 교실 뒤에 서 있는 10분 동안 수업에 집중할 수가 없었어요.

"윤아는 이제 자리에 앉으렴. 여러분 모두 숙제를 한 후에 미리 가방에 넣어 두세요. 숙제를 하는 것도 중요하지만 잘 챙겨 오는 것도 중요해요."

드디어 10분이 지나고 윤아가 자리에 앉았어요. 현수는 자리로 돌아오는 윤아를 슬쩍 쳐다봤지만 윤아의 표정은 아무렇지도 않아 보였어요.

"윤아야, 괜찮아? 다리 안 아파?"

현수가 다정하게 물었지만 윤아는 그저 고개만 끄덕이고 말았어요. 현수가 걱정해 준 게 하나도 고맙지 않은 걸까요? 그런 윤아를 보면서 현수는 기분이 어떨까요? 윤아가 자신의 감정을 제대로 전달하려면 어떻게 해야 할까요?

어떻게 할까?

우리는 하루 동안 다양한 감정을 느껴요. 기쁘거나 행복하기도 하고 슬프고 화가 나거나 자신감을 느끼기도 하는 등 여러 감정을 느끼지요. 자신이 느끼는 감정을 잘 알고 적절하게 표현하는 건 중요한 일이에요. 자신의 감정을 잘 다스리고, 다른 사람의 감정을 보듬어 주면 사람들과 더 원활하게 소통을 할 수 있거든요. 상황에 어울리게 내 감정을 표현하고 기분에 맞는 표정과 또렷한 목소리로 내 마음을 전달해 보아요.

1. 감정 표현하기

① 감정이나 기분을 나타내는 표현을 알아보아요.

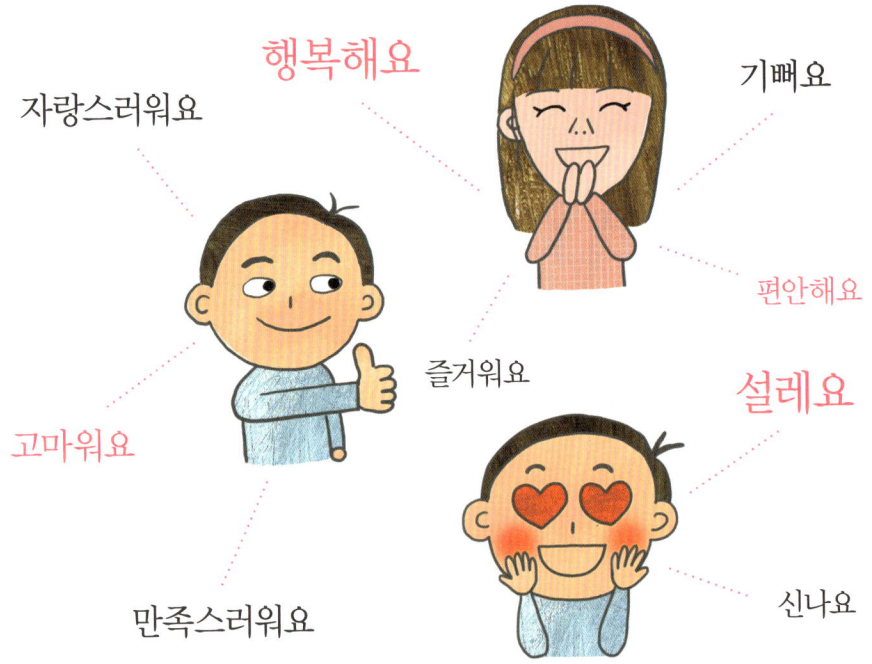

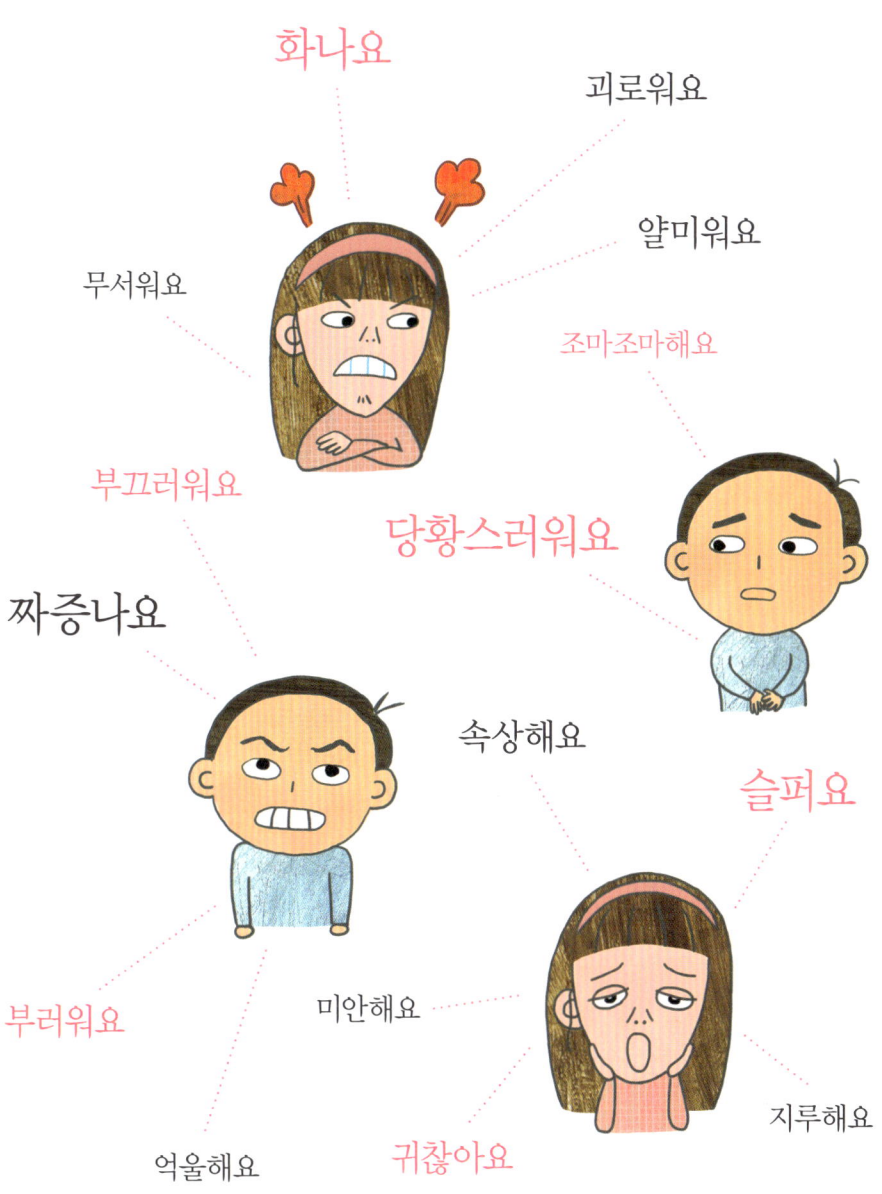

② 오늘 내 기분을 글과 그림으로 표현해 보세요.

꾸미는 말

꾸미는 말을 사용하면 좀 더 실감 나고 생생하게 표현할 수 있어요.
과장되게 사용하는 것보다 적절하게 사용하는 것이 좋아요.

예)

소녀가 사과를 먹는다.　　VS　　소녀가 빨갛게 잘 익은 달콤한 사과를 먹는다.

어떤 사과가 더 맛있게 느껴지나요? 그냥 사과보다는 사과를 꾸미는 말이 들어간 문장을 읽을 때 더 맛있게 느껴지지 않나요?
꾸미고 싶은 말을 적절하게 사용하면 내 마음을 표현할 때에도 상대방에게 더 효과적으로 전달할 수 있어요.

예)

어제 동생에게 화가 났어.　　VS　　어제 내 아이스크림을 먹어 버린 동생에게 화가 났어.

새 친구를 만나서 반가웠어.　　VS　　활짝 웃으며 먼저 인사하는 새 친구가 정답게 느껴져서 반가웠어.

오늘의 대화는 안녕하세요?

"와, 작은할아버지! 안녕하세요?"

소라는 오랜만에 만난 작은할아버지가 너무 반가워 얼른 뛰어가 밝게 웃으며 인사했어요. 그런데 평소라면 소라를 반기며 안아 주었을 작은할아버지의 표정이 어쩐지 어두웠어요.

"소라야, 이리 와."

엄마는 소라를 황급히 끌어당겼어요.

"소라야, 오늘은 작은할아버지께 그렇게 인사하면 안 돼."

엄마가 어두운 표정으로 나무라자 소라의 눈에서 눈물이 찔끔 나왔어요.

"엄마가 항상 인사 잘하라고 했잖아요."

"지금은 평소랑 다르잖아. 작은할머니가 돌아가신 장례식장에

와서 작은할아버지께 안녕하시냐고 인사를 하는 건 맞지 않아."

"아……."

소라는 그제야 엄마가 소라를 지적한 이유를 알아차렸어요.

"몰랐어요. 작은할아버지를 뵈니까 너무 반가워서 그만……."

"상황에 맞게 말해야지. 앞으로는 실수하지 말자."

소라는 한숨을 푹 내쉬었어요. 상황에 맞게 말한다는 건 소라에게 어렵게만 느껴졌어요.

지난주에는 이런 일이 있었어요. 그날은 오랜만에 이모할머니와 외할머니를 만나러 엄마와 함께 쇼핑센터에 갔어요.

이모할머니는 외할머니의 막냇동생이에요. 그래서 외할머니보다 훨씬 젊어요. 하나도 할머니 같지 않아요. 항상 소라 마음도 잘 알아요.

다 함께 쇼핑센터 안에 있는 카페에 앉아 이야기를 나눌 때였어요. 어른들이 이야기하는 동안 소라는 카페 근처 장난감 가게를 구경하고 있었어요. 마침 진열장에서 평소 너무나 갖고 싶던 만화 주인공 인형을 발견했어요. 소라는 이모할머니에게 곧장 달려갔지요. 엄마나 외할머니라면 절대 사 주지 않을 장난감도 이모할머니는 잘 사 주거든요.

"이모할머니, 빨리빨리."

소라는 마음이 다급해져서 목소리가 점점 커지고 빨라졌어요.
"저번에 이야기했던 장난감 기억하지? 그 장난감이 나왔어. 할머니, 빨리 사러 가자!"
하지만 이모할머니는 외할머니와 이야기하느라 소라의 말에 빨리 답해 주지 못했어요. 순간 소라는 화가 나서 그만 소리를 지르고 말았어요.

열른 가자니까!

"할머니, 얼른 가자니까!"
"소라야, 지금 이모할머니께 무슨 말버릇이야?"
소라는 무서워진 엄마 목소리에 화들짝 놀랐어요.
"이모할머니는 네 친구가 아닌데 그렇게 반말을 하면 어떡해. 그리고 지금은 이모할머니랑 외할머니가 이야기 중인데 조금 기다려야지."

그날 소라는 엄마에게 한참 혼이 났어요.

장례식장에서 엄마에게 잔뜩 꾸중을 듣자 소라는 그날의 일이 다시 떠올랐어요.

잠시 뒤에 소라와 엄마는 장례식장에 있는 식당으로 자리를 옮겼어요. 그때 사촌 영은이가 알은체를 했어요. 영은이는 사촌이지만 동갑이라서 친구처럼 잘 지내는 사이예요.

"소라야!"

소라는 오랜만에 만난 영은이가 반가워 발랄하게 인사하려다가 멈칫하고는 고개만 끄덕였어요. 여기는 장례식장인데 영은이랑 웃는 표정으로 인사했다가 어른들에게 또 혼날까 봐요.

"잘 지냈어? 여기 너무 조용하고 슬픈 분위기라서 말을 못 하겠어."

영은이는 소라 귀에 대고 속닥거렸어요. 소라는 귀가 간지러워 웃음이 날 뻔했어요. 하지만 장난한다고 오해받지 않으려고 또 참았지요.

"참, 너희 봄 소풍 다녀왔어? 우리는 동물원에 다녀왔는데 진짜 재미있더라. 나중에 같이 갈래?"

영은이가 소풍 이야기를 꺼내자 소라도 할 이야기가 많아졌어요. 하지만 엄마가 장례식장에서는 웃으며 인사하지 말라고 했는데, 즐겁게 웃으며 이야기하는 건 더더욱 안 될 것 같았어요.

"늦잠 자서 아침도 못 먹고 왔더니 되게 배고프네."

소라는 웃지 않으려고 괜히 딴 이야기를 했어요. 영은이가 갸우뚱했어요.

"내가 떡이랑 고기 갖다 줄까?"

"목소리 좀 줄이고 가만히 있어."

소라는 어른들에게 혼이 날까 조바심이 나서 영은이를 다그치고 말았어요.

"소라야, 영은이랑 오랜만에 만나서 왜 이렇게 퉁명스러워?"

"엄마, 또 왜요. 제가 뭐 잘못했어요?"

소라는 입을 삐죽거렸어요. 엄마가 알려 준 대로 장례식장에서 떠들지 않으려고 영은이에게 이야기하지 말라고 한 거라고요.

엄마는 대화 예절이 부족하다며 소라에게 잔소리를 하기 시작했어요. 소라는 억울한 마음에 얼굴이 저절로 찌푸려졌어요.

상대와 상황에 맞게 제대로 말하려면 어떻게 해야 할까요?

우리는 매일같이 대화를 나눠요. 이야기를 나눌 상대와 때, 분위기에 따라서 우리가 하는 말은 달라져야 해요. 상황에 맞지 않게 말하면 어떤 일이 벌어지는지 한번 살펴볼까요?

1. 대화할 때 상황과 상대 고려하기

① **상황에 맞는 말인지 생각해요.**

그림 속 아이의 어떤 점이 잘못되었는지 살펴보고 어떤 말로 바꾸어 표현하면 좋을지 생각해 보세요.

② **말을 할 때에는 예의를 지켜요.**

대화를 할 때 상대방이 어른일 수도 있고, 친구일 수도 있어요. 또 나보다 나이가 어린 동생일 수도 있고요. 말을 할 때에는 대화하는 상대에 맞춰 예의를 갖추어야 해요. 예의는 웃어른에게만 지켜야 하는 건 아니에요. 친구나 동생에게 이야기할 때에도 지켜야 할 예의가 있지요.

· 웃어른과 대화를 나눌 때에는 높임말을 사용해요.
· 상대방이 이야기할 때에는 자르거나 중간에 끼어들지 않아요.

· 상대방이 기분 나쁘게 들을 수 있는 말이나 행동은 하지 않아요.

· 친구에게 말할 때 욕을 하지 않아요.

· 친구가 이야기할 때에 딴짓하지 않고 집중해서 들어요.

2. 상황에 맞게 말하기

말을 하기 전에는 먼저 어떤 상황인지 살펴보아요. 그리고 상황에 알맞은 말은 무엇인지 생각해 보아요. 각 표현에 따라 말하는 속도, 목소리, 높낮이 등을 조절하면 더 효과적으로 전달할 수 있어요. 또한, 상황에 맞는 표현들을 미리 알아 두면 도움이 될 거예요.

① 상황에 알맞은 인사말

· 병문안을 갔을 때-빨리 나으세요. 곧 나으실 수 있을 거예요.

· 장례식장에 갔을 때-얼마나 마음이 아프세요. 고인의 명복을 빕니다.

· 친구가 상을 받았을 때-축하해.

· 친구가 속상한 일이 있을 때-많이 속상하지? 힘내. 괜찮을 거야. 기운 내.

· 친구의 도움을 받았을 때-고마워.

· 새해가 되었을 때-새해 복 많이 받으세요.

높임말

높임말을 사용하면 듣는 상대를 존중하는 느낌을 주지만, 아무 때나 사용하지는 않아요. 주로 웃어른이나 여러 사람을 상대로 이야기할 때 높임말을 사용해요. 높임말이 어렵다고 생각할 때도 있을 거예요. 웃어른에게 이야기하는 중에 물건을 높이거나 높임말을 겹쳐 사용하는 실수를 하기도 해요. 올바른 높임말 사용에 대해 알아보아요.

• 단어 자체에 높임의 뜻이 있는 경우가 있어요.

예)

집–댁   밥–진지   나이–연세   말–말씀   이름–성함

• 단어 속에 어미 –시–를 넣어요.

예)

주다–주시다   하다–하시다   가다–가시다

오다–오시다   보다–보시다   앉다–앉으시다

• 높임말이 잘못 쓰인 부분을 찾아보세요.

할머니, 전화 오셨어요.

이쪽 자리가 따뜻하세요.

이 자켓은 오만 원이십니다.

제대로 들은 거 맞아?

"서연아, 일어나! 여보, 얼른 일어나서 준비해요!"

서연이는 엄마의 고함 소리에 놀라 잠에서 깼어요. 세상에, 시계를 보니 아직 6시밖에 안 되었어요. 오늘은 토요일인데 엄마는 식구들을 왜 이렇게 일찍 깨우는 걸까요?

"그게 어디 있더라. 아이참, 여기 없네. 여보, 얼른 일어나요!"

"엄마, 왜 벌써…… 헉, 이게 다 뭐예요?"

아침부터 엄마는 무척 분주해 보였어요. 부엌 조리대도 식탁도 무척 어수선했고요. 가만 보니 엄마는 머리도 제대로 말리지 않은 채 김밥과 유부초밥을 만들고 있었어요. 서연이는 잘 떠지지도 않는 눈을 비비며 김밥 하나를 집어 먹었어요.

"엄마, 오늘 어디 가요?"

"어제 엄마가 이야기했잖아."

서연이는 엄마의 말에 고개를 갸웃거렸어요. 어제 엄마가 그런 이야기를 했던가?

"여보, 얼른 일어나라니까요!"

마음이 급해진 엄마의 목소리가 점점 커졌어요.

"주말에는 늦잠 좀 자게 해 줘요. 새벽부터 왜 그래요?"

아빠가 이불을 뒤집어쓰며 짜증을 냈어요.

"어라, 오늘 안 갈 거예요?"

엄마의 목소리에도 짜증이 실렸어요.

"어딜? 대체 어딜 가는데요?"

아빠는 여전히 이불 속에서 말했어요.

"오늘 모임 날이잖아요. 다 같이 놀이동산 갔다가 근처 펜션에서 자기로 했잖아요."

"오늘이에요?"

갑자기 아빠가 벌떡 일어났어요.

"어제 내 이야기 제대로 안 들었죠? 몇 번이나 이야기했는데."

엄마의 말에 아빠는 후다닥 화장실로 뛰어 들어갔어요.

서연이도 입안에 김밥을 욱여넣은 채 잠옷을 벗고 옷을 갈아입었어요. 하지만 머릿속에는 여전히 물음표가 가득했어요. 어제 엄마가 한 이야기 중에 모임 이야기는 없었거든요.

 어제는 엄마와 아빠가 모처럼 일찍 퇴근한 금요일이었어요. 이런 날은 흔치 않기 때문에 외식을 하기로 했어요. 메뉴를 정하는 걸로 아웅다웅하긴 했지만 아빠의 양보로 돼지갈비를 먹기로 했어요.

 "봐, 내 말이 맞지? 여기가 맛집이라니까."

 엄마가 오자고 한 음식점에는 손님이 정말 많았어요. 1분만 늦었어도 오랜 시간 기다려야 했을 거예요.

 아빠는 틈틈이 고기를 구우며 식당 텔레비전으로 축구를 보느라 바빴고, 엄마와 서연이는 먹느라 바빴어요. 음식점 안은 요란스러운 축구 경기 중계방송과 사람들 목소리로 무척 소란스러웠어요. 그 사이에 무슨 이야기를 했는지 제대로 알아들을 수도, 기억에 남을 수도 없긴 했어요.

 "그런데 엄마, 어제 언제 이야기했어요?"

 준비를 모두 마친 서연이가 궁금증을 못 참고 물었어요.

 "어제 그러니까, 음식점에서도 이야기하고, 집에 들어와서도 말했어."

 엄마는 서연이의 말에 답하면서 화장도 하고 도시락도 싸고 짐 가방까지 챙기는 신공을 발휘했어요.

"정말? 엄마 내 짐은 뭐 쌌어요?"

"여보, 창고에서 돗자리 좀 꺼내 줘요. 서연아, 뭐라고? 아, 물통! 물통부터 챙겨야지."

엄마는 여전히 이것저것 챙기느라 서연이의 이야기에 집중하지 못했어요.

"아냐, 내가 볼게요."

서연이는 엄마가 싸 놓은 짐 가방을 열었어요.

"어머, 너 지금 바빠 죽겠는데 짐은 왜 풀어?"

"짐에 뭐 넣었는지 물어봤는데 엄마가 대답 안 해 줬잖아요."

"언제 물어봤다고 그래?"

서연이는 엄마의 말에 당황스러웠어요.

"여보, 어느 펜션이라고 했지요?"

어느새 옷을 다 챙겨 입은 아빠가 말했어요.

"당신이 알죠. 나는 몰라요."

엄마의 말에 아빠도 당황스러운 표정을 지었어요.

"내가 어떻게 알아요? 당신 친구 모임에서 가는 거잖아요."

"왜, 그날 총무님이 당신한테 말했잖아요."

아빠는 심각한 표정으로 사람들에게 문자를 보내 확인하기 시작했어요.

"정말 당신은 그게 문제예요. 다른 사람 이야기를 제대로 듣지 않는 거!"

엄마는 아빠를 향해 잔소리를 하기 시작했어요. 서연이는 괜히 불똥이 튈 것 같아 조용히 김밥을 먹었어요.

"여보, 오늘 맞아요? 오늘 펜션 가는 날 맞냐고요."

아빠의 말에 엄마의 눈이 커다래졌어요.

"왜요? 오늘이 아니래요?"

"다음 주래요. 당신이야말로 사람들 이야기를 대체 어떻게 들은 거예요? 당신 말만 듣고 출발했으면 큰일 날 뻔했잖아요."

아빠의 말에 서연이는 황당했어요. 엄마가 아빠랑 서연이에게 남의 말을 잘 안 듣는다고 야단칠 게 아니었어요. 가만 보니 엄마도 남의 말을 제대로 안 들은 거잖아요.

"이상하네. 분명 5월 14일이라고 들었는데. 그날 옆에 앉은 미영이가 자꾸 말 시키는 바람에 헷갈렸나 봐요. 그나저나 괜히 새벽부터 김밥 싸고 짐 싼다고 고생했네."

엄마 어깨가 축 처졌어요. 층층이 쌓인 도시락을 보니 엄마가 새벽부터 얼마나 고생했을지 알 것 같았어요.

"이왕 나갈 준비를 했으니, 한강이라도 갈까요?"

시무룩해진 엄마를 보고 아빠가 말했어요.

"저도 좋아요. 엄마 김밥 정말 맛있는데 한강 가서 먹으면……."

"그래, 좋다! 얼른 나가자."

서연이가 말을 끝마치기도 전에 엄마가 또 불쑥 끼어들었어요. 가만 보면 엄마는 서연이가 말할 틈을 안 준다니까요. 걸핏하면 끼어들거나 서연이 말을 자른다고요.

"아무튼 다른 사람 말할 때 잘 좀 들어요. 가만 보면 당신 남의 말 대충 듣고 당신 생각대로 할 때 많잖아요. 그리고 여행 계획처럼 중요한 건 메모라도 해 두면 좋잖아요."

아빠가 엄마에게 말했어요.

"이게 다 내 탓인가? 당신도 총무님이 말할 때 잘 들었으면 됐잖아요. 그리고 어제도 축구 본다고 내 이야기 제대로 안 들어서 이렇게 된 거 아녜요?"

엄마는 기분이 상한 것 같았어요.

"알았어요. 앞으로 나도 조심할게요."

"엄마, 아빠! 오늘 보니 두 분 다 경청하는 자세를 배워야 할 것 같아요. 제가 학교에서 배웠는데 경청이 진짜 중요하대요. 만날 저한테만 선생님 말씀 잘 들으라고 하지 말고, 엄마랑 아빠도 다른 사람 말을 잘 듣는 습관을 기르세요. 그리고 엄마! 제 말 좀 제발 자르지 마세요!"

서연이의 똑 부러진 말에 엄마와 아빠의 얼굴이 빨개졌어요. 서연이는 이번 일로 경청이 얼마나 중요한지 다시 생각하게 됐어요.

어떻게 할까?

다른 사람의 말을 집중해서 잘 듣는 것을 '경청'이라고 해요. 상대방과 원활하게 대화를 하기 위해서는 먼저 경청을 해야 하지요. 상대방의 의도를 잘 파악해야 적절한 말로 답을 할 수 있어요. 나만 말을 잘한다고 원활한 대화가 되는 건 아니니까요. 수업을 듣거나 중요한 사항을 전달받을 때에도 경청해야 해요. 그래야 중요한 내용을 빠뜨리는 실수를 하지 않아요.

1. 경청하는 자세

① 이런 자세로 이야기를 듣는 건 안 돼요.

누군가 이야기하고 있을 때 옆 사람과 떠들면서 산만하게 듣지 않기로 해요. 그런 행동은 이야기하는 사람을 무시하는 행동이에요. 이야기하는 사람의 기분을 상하게 할 수 있지요. 뿐만 아니라, 중요한 이야기를 놓치거나 기억하지 못하게 돼요.

누군가의 이야기를 듣는 것이 지루하더라도 기분을 그대로 드러내는 건 무척 무례한 행동이에요.

그리고 상대의 이야기를 듣다가 할 말이 생각나도 상대의 이야기가 끝날 때까지 기다려 줘야 해요. 말하는 도중에 끼어들면 이야기의 흐름이 끊길 수 있어요.

② **올바른 자세로 경청해요.**

올바른 자세로 경청하는 일은 무척 중요해요. 듣는 사람이 집중해서 들으면 말하는 사람은 존중받고 있다는 생각이 들거든요. 그러면 말하는 사람은 자신의 말하기에 더욱 집중할 수 있지요. 듣는 사람도 말하는 사람도 즐거운 대화가 이루어질 수 있는 거예요.

무표정, 무반응보다는 이야기의 내용에 따라 적절하게 고개를 끄덕거리는 등 적절한 감탄사나 반응을 보여 주면, 말하는 사람에게 더욱 힘을 줄 수 있어요.

중요한 이야기를 들을 때에는 메모하며 듣는 것도 좋아요. 하지만 메모하는 데에만 너무 집중해 버리면 말하는 사람의 표정이나 행동을 볼 수 없으니 주의해야 해요.

동음이의어

어떤 말 중에는 발음만 같고 뜻이 전혀 다른 말이 있어요. 그래서 말하는 사람의 발음을 주의 깊게 듣거나 앞뒤 이야기를 잘 들어야 문장 속에서 그 단어의 정확한 뜻을 이해할 수 있어요.

- 발음의 길이에 따라 의미가 달라지는 동음이의어

예) 눈:-하늘에서 내리는 눈　　　눈-신체 부위 눈
　　밤:-먹는 밤　　　　　　　　밤-어두운 밤
　　말:-사람이 쓰는 언어　　　　말-동물

위의 단어는 발음을 할 때에 길고 짧은 것까지 표현해 주면 좀 더 분명하게 말을 전달할 수 있어요.

- 발음과 길이가 모두 같은 동음이의어

예) 배-과일
　　배-타는 배
　　배-사람의 신체 부위

배는 세 가지 다른 뜻이 있지만 발음이 모두 같아요. 이렇게 동음이의어 중에는 길고 짧음으로 구분할 수 없는 단어들도 있어요. 그래서 말하는 사람이 어떤 뜻으로 쓰는 것인지 이해하려면 이야기를 처음부터 끝까지 잘 들어야 한답니다.

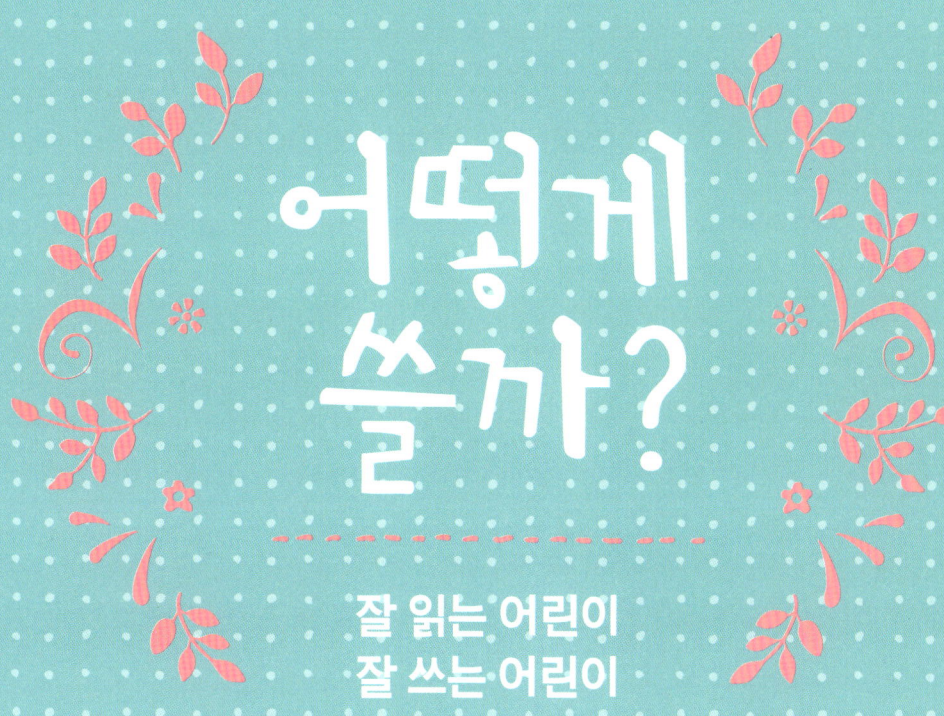

어떻게 쓸까?

잘 읽는 어린이
잘 쓰는 어린이

첫 번째 이야기

책을 대하는 우리의 자세

"와, 드디어 왔다!"

학교에서 돌아온 예은이는 책상에 놓여 있는 택배 박스를 보고 너무 좋아 소리를 질렀어요. 얼마 전에 엄마와 함께 서점에 가서 고른 책들이 배달 왔지 뭐예요. 요즘은 서점에 가서 책을 고른 다음 택배 서비스를 신청할 수 있거든요. 그날 예은이는 직접 들고 갈 걱정 없이 읽고 싶은 책을 마음껏 골랐어요.

"그렇게 좋아? 우리 예은이는 책 읽는 걸 정말 좋아하는구나."

집에 놀러 온 옆집 아줌마가 택배 박스 앞에서 신이 난 예은이를 보고 칭찬했어요.

"예은이는 텔레비전도 잘 안 보고 스마트폰도 잘 안 한다면서? 어쩜 그렇게 책 읽는 걸 좋아하니. 너무 대견하다."

아랫집 아줌마도 침이 마르도록 예은이를 칭찬했어요.

예은이가 책을 좋아하는 건 예은이네 동네 사람이라면 모르는 사람이 없어요. 예은이는 어디서든 책을 읽거든요. 엘리베이터에서도, 걸어가면서도 책을 읽어요. 그래서 예은이 또래 아이를 둔 엄마들은 다들 예은이 엄마를 부러워해요. 자식이 책을 잘 읽는 건 모든 엄마들의 꿈인가 봐요.

"예은아, 얼른 씻고 간식 먹으렴."

예은이는 재빨리 씻고 간식도 후다닥 먹었어요. 그러고는 곧장 책을 들고 침대로 가서 가장 좋아하는 자세를 취했어요. 바로 침대에 엎드려 책 읽는 자세지요.

시간이 얼마나 흘렀을까요? 금세 한 권을 다 읽은 예은이는 허리가 조금 아파서 책 읽는 자세를 바꿨어요. 이번에는 옆으로 비스듬히 누워 책 속 세상으로 빠져들었지요. 다음 책은 조금 전에 읽은 것보다 훨씬 더 재미있었어요. 밖에서 무슨 소리가 나는지도 모를 만큼이요.

똑똑. 노크 소리가 나더니 외삼촌이 방문을 열고 들어왔어요.

"박예은, 뭐 하고 있어? 삼촌 왔는데 방에서 나오지도 않고."

"어, 삼촌 왔어요?"

예은이는 삼촌에게 인사를 하고는 다시 엎드려

서 책을 읽었어요. 옆으로 비스듬히 누워서 오랫동안 책을 보았더니 팔도 저리고 고개도 아픈 것 같았거든요.

"도대체 얼마나 재미있는 책이길래 오랜만에 온 삼촌은 쳐다보지도 않냐. 섭섭하다."

삼촌이 삐친 표정을 지었어요.

예은이가 이렇게 책을 좋아하게 된 건 어쩌면 삼촌 때문일지 몰라요. 삼촌이 틈날 때마다 예은이에게 재미있는 동화책을 많이 소개해 줬거든요.

"미안해요, 삼촌. 이거 며칠 전부터 엄청 보고 싶었던 책이었거든요. 저녁 먹을 때까지만 책 읽으면 안 될까요? 내일은 학원에 가는 날이라 시간이 없거든요."

예은이는 책을 읽는 동안 방해받고 싶지 않아서 삼촌에게 최대한 공손하게 부탁했어요. 하지만 삼촌은 오히려 예은이 옆에 앉아 말을 걸었어요.

"예은아, 그런데 계속 이렇게 엎드려서 책을 보고 있던 거야? 이런 자세로 책을 보면 안 돼."

그러더니 삼촌은 예은이가 보고 있던 책을 슬쩍 덮었어요.

"삼촌, 책 주세요. 지금 진짜 중요한 부분을 보고 있었단 말이에요."

"예은아, 잠깐 삼촌 이야기 좀 들어 줘. 책 읽는 자세가 너무 안 좋아. 항상 이렇게 눕거나 엎드려서 책 읽었어?"

예은이가 책 읽는 모습을 좋아하던 삼촌인데, 오늘따라 왜 이렇게 책 읽는 걸 방해하는지 예은이는 알지 못했어요.

"삼촌, 책만 많이 읽음 됐지 책 읽는 자세가 뭐가 중요해요. 지금 뒷부분이 너무 궁금한데 빨리 책 돌려주세요."

"아니야, 책 읽는 자세가 얼마나 중요한데. 책만 많이 읽는다고 좋은 게 아니란 말이야. 바르게 읽는 게 정말 중요하다고."

다들 예은이가 책을 많이 읽는다고 칭찬해 주는데 오늘 삼촌은 참 이상해요. 삼촌은 예은이가 책 읽는 자세도, 책을 대하는 태도도 엉망이라지 뭐예요. 책은 어떻게 읽는 게 바르게 읽는 걸까요?

어떻게 할까?

여러분도 예은이처럼 책 읽기를 좋아하나요? 예은이처럼 책을 많이 읽으면 자세는 어떻든 괜찮다고 생각하나요? 책은 한 권을 보더라도 바르게 보아야 효과적이에요. 바른 자세로 보는 것도 중요하고, 마음을 편안하게 하고 천천히 읽는 것도 중요해요. 많이 읽고 싶다고 서두르다 보면 겉핥기식으로 읽게 되는 경우도 있거든요. 그러다 보면 눈만 글자를 쫓고 내용이 머릿속에 남지 않아요. 지금부터 바람직한 독서 습관에 대해 생각해 보아요.

1. 바람직한 독서 자세

① 바르게 책을 읽는 자세는 어떤 자세일까요?

책을 읽는 것은 매우 좋은 습관이지만 책을 읽을 때 자세가 나쁘다면 잠시 책을 덮고 자세를 바르게 잡는 것부터 하기로 해요. 나쁜 자세로 오랫동안 책을 보면 건강을 해칠 수 있거든요. 특히 성장기 어린이들은 나쁜 자세를 오래 유지하면 어깨가 구부정해지거나 허리가 휠 수 있으니 조심해야 해요. 또, 한 번 떨어진 시력은 좀처럼 좋아지기 어려우니 어두운 곳에서 책을 보거나 너무 가까이 보지 않아야겠지요?

우선 허리를 반듯하게 펴고 의자에 앉아요. 턱을 괴거나 어깨를 구부리지 않고 책과 눈 사이에 일정한 거리를 유지하고요. 다리를 꼬지 않고 책을 읽는 것이 좋아요. 바른 자세로 책을 읽으면 오랫동안 책을 읽어도 눈과 허리에 무리가 가지 않아요.

② **책을 꼼꼼하게 읽어요.**
책 속에 있는 내용을 생각하며 자세하게 읽는 것을 '정독'이라고 해요. 어떤 뜻이 담겨 있는지 생각하며 천천히 책을 읽으면 책의 내용을 정확하게 파악할 수 있고, 오래 기억할 수 있어요. 정독한 뒤에는 간략하게 책의 내용을 정리해 두거나 특별히 기억에 남는 부분을 메모해 두면 좋아요. 오늘은 어떤 책을 읽었나요? 특별히 기억에 남는 부분이 있다면 한번 이야기해 보아요.

· 오늘 마음속에 남기고 싶은 책 속 이야기

③ **책을 소리 내어 읽어요.**

옛날에 서당에서는 훈장님을 따라 한 구절 한 구절 책을 읽으며 공부했대요. 이렇게 소리 내어 책을 읽는 것을 '낭독'이라고 해요. 소리 내어 책을 읽으면 어떤 점이 좋을까요?

어떤 연구 조사에 따르면 소리 내어 책을 읽으면 뇌가 활발해진다고 해요. 반복해서 소리 내어 읽으면 책을 읽을 때 조금 더 매끄럽게 읽을 수 있고 발표할 때에도 큰 도움이 돼요. 또한 띄어 읽는 연습도 할 수 있어요. 적당한 속도로, 적절한 위치에서 띄어 읽으면 내용을 정확하게 이해하거나 감상하는 데 큰 도움이 된답니다. 오늘부터는 5분씩이라도 꼭 소리 내어 책을 읽어 보아요.

문장 부호의 종류와 쓰임

문장 부호는 왜 필요할까요? 문장만으로는 상황을 표현할 수 없을 때 문장 부호를 쓰면 내용이 더 명확해진답니다. 또, 문장 부호 하나로 의미가 달라질 수도 있어요.
예를 들어 '떡볶이가 좋아.'라는 문장에서 마침표(.)를 쓰면 떡볶이가 좋다는 자신의 감정을 이야기한 것이지만, 끝에 물음표(?)를 쓰면 상대에게 떡볶이를 좋아하냐고 묻는 내용이 되거든요.
다음 예시를 보고 문장 부호의 쓰임에 대해 생각해 보세요.

- **쉼표(,):** 부르는 말이나 대답하는 말 뒤에 써요.
  예) 서연아, 안녕?

- **마침표(.):** 설명하는 문장 끝에 써요.
  예) 서연이는 책을 읽습니다.

- **물음표(?):** 묻는 문장 끝에 써요.
  예) 서연아, 밥 먹었니?

- **느낌표(!):** 느낌을 나타내는 문장 끝에 써요.
  예) 서연이는 참 잘하는구나!

- **작은따옴표(' '):** 마음속 생각을 나타낼 때 써요.
  예) '지금 텔레비전을 보면 엄마한테 혼나겠지?'

- **큰따옴표(" "):** 문장에서 대화를 나타낼 때 써요.
  예) "엄마, 숙제 다 했어요!"

일기가 무서워

늦은 시간까지 텔레비전을 보고 있던 기용이는 갑자기 표정이 어두워졌어요. 기용이는 밤이 되는 게 정말 무섭거든요. 기용이가 어두운 걸 무서워하냐고요? 그건 절대 아니에요. 기용이가 밤을 무서워하는 건 바로 일기 때문이에요.

기용이는 자기 전에 엄마랑 일기를 써요. 일기 쓰기는 너무 어렵고 힘들다 못해 무서울 지경이에요. 엄마와 함께 일기를 쓰다 보면 수시로 딱밤이 날아오거든요.

엄마는 일기를 잘 써야 하다면서 매일 기용이를 나무랐어요. 일기도 숙제니 잘해야 한다는 말 같아요.

기용이는 매일 비슷한 하루를 보내는데 어떤 내용으로 일기를 써야 할지 몰랐어요. 아무리 내용을 짜내도 '학교에 갔다.' 또는

'재미있었다.' 이렇게 두 줄 정도 쓰고 나면 별로 쓸 게 없어요. 특별히 신나는 일이 있을 때에는 괜찮지만 평소에는 열 줄이나 되는 일기장을 다 채우려면 머리를 쥐어짜야 한다고요.

"기용아, 이제 양치하고 일기 쓰자."

아, 드디어 올 것이 오고야 말았어요. 엄마가 저녁 설거지를 다 끝냈나 봐요. 기용이는 떨어지지 않는 발걸음을 애써 욕실로 옮겼어요. 그리고 아주 느릿느릿 이를 닦았어요.

"기용아, 뭐 하니? 아직 멀었어?"

엄마의 재촉이 시작됐어요. 더 꾸물거리다가는 일기 쓰기를 시작하기도 전에 딱밤부터 맞을지 몰라요. 기용이는 한숨을 크게 내쉬고 방으로 들어갔어요.

"자, 오늘 날짜랑 날씨를 쓰고."

기용이는 엄마가 시키는 대로 오늘 날짜와 날씨를 썼어요.

"우리 기용이 오늘은 글씨도 또박또박 잘 쓰네."

엄마의 칭찬에 잠시 기분이 좋아졌어요.

이제 제목을 쓸 차례예요.

"자, 오늘은 뭘 쓸까?"

기용이의 일기지만 엄마도 같이 고민해요. 사실 엄마가 불러 주는 걸 그대로 쓸 때도 있어요. 하지만 처음부터 불러 주지는 않아요. 엄마는 호락호락한 사람이 아니거든요.

"아, 맞다. 엄마, 그게 좋겠어요. 돈가스!"

기용이가 무릎을 탁 치며 말했어요. 하지만 엄마는 마음에 안 드는 표정이었어요. 엄마는 돈가스 먹은 일을 일기로 쓰는 게 별로인가 봐요. 기용이는 이럴 때마다 '이건 내 일기인데 왜 엄마 마음에 들어야 하는 걸까.' 하는 생각이 들기도 해요.

"돈가스? 돈가스로 어떻게 일기를 쓸 건데."

"음, 그러니까 오늘 엄마가 돈가스를 해 줬는데 맛있었다고 쓸 거예요."

"그럼 두 줄밖에 못 쓰잖아."

"아…… 그러네요."

엄마의 말에 시무룩해진 기용이는 다시 고민에 빠졌어요.

"오늘 하루 뭘 했나 잘 떠올려 봐."

기용이는 곰곰이 하루 종일 있었던 일을 떠올려 보았어요.

"아침에 일어나서 밥 먹고 세수하고 학교 가서 공부하고 밥 먹고 또 공부했어요. 집에 와서 간식 먹고 태권도 갔다가 학습지 선생님 와서 공부하고, 저녁 먹고 양치하고 지금 일기 쓰는 건데요."

기용이가 오늘 하루 일어난 일을 줄줄 외자 엄마는 사건의 단서라도 찾는 탐정처럼 심각한 표정으로 물었어요.

"오늘 하루 기억에 남거나 특별하다고 생각했던 일 없었니?"

"없었는데요."

"잘 좀 생각해 봐. 일기는 네 생각과 느낌을 솔직하게 쓰는 거잖아. 네 생각과 느낌이 중요하단 말이야."

기용이는 아무리 잘 생각해 보려고 해도 별로 생각나는 게 없었어요.

"학습지 선생님 온 거 쓸까요?"

"그건 지난주에도 썼잖아."

맞아요. 그때도 너무 쓸 게 없어서 고민하다가 학습지 선생님이랑 공부하는 게 즐겁다고 썼어요. 사실 즐겁지 않은데 그냥 엄마가 쓰라고 하니까 억지로 쓴 거예요.

"태권도 다녀온 이야기는 어제 썼어요."

"엄마도 알아."

태권도 다녀온 이야기는 사실 세 번째 쓴 거예요. 그래서 그동안 쓴 거랑 다르게 써야 해서 엄청 힘들었어요. 결국 두 줄만 기용이가 쓰고 나머지는 또 엄마가 불러 줬어요. 엄마는 사범님이 너무 멋지다고 쓰라고 했어요. 기용이는 사범님이 멋지다고 생각해 본 적이 없었지만 빨리 자고 싶어서 그냥 엄마가 불러 주는 대로 썼어요.

오늘은 제목도 못 썼는데 살살 졸음이 밀려왔어요. 기용이는 턱을 괴고 고민하는 척했어요. 자꾸만 기용이의 눈꺼풀이 내려왔어요. 누가 잡아당기기라도 하는 것처럼 말이에요.

"아야!"

"오기용, 벌써 졸면 어떡해? 네 일기지, 엄마 일기니? 만날 저녁마다 이게 뭐니. 왜 일기 하나를 못 써서 엄마를 이렇게 힘들게 하는 거야? 얼른 일기 안 써!"

결국 오늘도 엄마에게 딱밤을 맞고 말았어요.

오늘 일기는 어쩌죠? 아, 정말 일기 쓰기는 누가 만든 벌일까요? 오늘도 그냥 엄마가 불러 줬으면 좋겠어요. 오늘은 진짜로 쓸 게 없단 말이에요.

어떻게 할까?

기용이처럼 특별한 사건이 없는 평범한 날에는 일기를 쓰기 어렵다고 생각하는 친구들이 많아요. 하지만 평범한 하루하루를 조금씩이라도 기록해 두면 일기는 나만의 특별한 역사책이 돼요. 평범한 하루가 모여 특별한 내가 되는 거니까요. 일기는 종류가 무척 다양해요. 그날 있던 일을 기록하기도 하지만 내가 읽은 책에 대한 느낌이나 오늘 관찰한 식물과 동물에 대한 일기를 쓸 수도 있어요.

1. 일기 쓰기

① 일기를 쓸 때 꼭 적어야 할 내용

일기장을 펴 보세요. 일기를 쓸 때 꼭 적어야 하는 것은 날짜, 요일, 그날의 날씨 등이 있어요. 일기는 그날그날을 기록하는 것이기 때문에 언제 썼는지 적어 두는 것은 매우 중요하지요. 내용을 적기 전에 제목을 적는 것이 좋아요. 일기를 쓰는 사람은 '나'이고, '오늘'의 일기를 적는 것이기 때문에 '나', '내가', '오늘'이라는 말은 가급적 쓰지 않기로 해요.

② 어떤 내용을 쓸까요?

일기장만 펴면 한숨이 푹푹 나온다고요? 무슨 내용으로 채울지 잘 모르겠다고요? 학교에 가고, 밥을 먹고, 친구들을 만나는 게 매일 똑같은 일 같지만 조금 더 자세히 들여다보면 사실은 모두 다른 하루랍니다. 사소한 것 하나라도 나의 생각과 느낌을 자세히 쓰면 좋은 일기의 소재가 될 수 있어요. 다른 사람과 대화한 내용을 대화 글로 넣는 것도 좋은 방법이에요. 다음은 '고구마'를 소재로 한 일기예요.

○월 ○일 ○요일	날씨: 흐림
고구마에 대한 오해를 푼 날	

급식 시간이 되었지만 즐겁지 않았다. 내가 싫어하는 반찬들이 잔뜩 나왔기 때문이다. 바로 시금치나물이랑 우거지 된장국이다. 그래서 급식을 거의 먹지 않았다.

급식을 많이 남겨서인지 집에 오니 배가 고팠다. 마침 식탁에 찐 고구마가 있었다.

원래 찐 고구마를 별로 좋아하지 않는데 배가 고파서였는지 달고 맛있었다. 우유랑 먹으니 앉은 자리에서 세 개나 먹어 버렸다.

그동안 고구마가 맛없는 음식인 줄 알고 있었는데, 오늘 오해가 풀렸다. 고구마는 아주 달고 맛있다. 앞으로는 고구마를 많이 먹어야겠다.

2. 다양한 형식의 일기

① **그림일기**

일기의 내용을 그림으로 표현하는 형식의 일기예요. 글과 그림을 함께 넣기도 해요. 일기 쓰기를 처음 시작할 때, 글 쓰는 게 익숙하지 않을 때 많이 써요.

○월 ○일 ○요일	날씨: 흐림

나는 고구마가 맛없는 것이라고 생각했다.
그래서 고구마는 되도록 먹지 않았다.
그런데 오늘 급식이 맛없어서 많이 남겼다.
집에 오니 너무 배가 고파서 먹을 걸 찾아보니 고구마가 있었다.
할 수 없이 고구마를 먹었는데 엄청 맛있어서 놀랐다.
앞으로는 고구마를 먹어야겠다.

② 동시 일기

나의 하루를 동시로 표현한 일기를 말해요.

○월 ○일 ○요일	날씨: 흐림
고구마	

고구마야, 미안해.
울퉁불퉁 생긴 게 별로였다.
달콤달콤 깜짝 놀랐다.
이렇게 맛있고 달콤할 줄이야.
고구마야, 오해해서 미안해.

③ 편지 일기

편지 형식으로 나의 하루를 표현한 일기를 말해요.

○월 ○일 ○요일	날씨: 흐림

고구마에게

안녕? 나는 그동안 너를 조금 오해했어. 사실 밭에서 나는 재료로 만든 음식들은 다 맛이 없다고 생각했거든. 시금치나 양파, 파 같은 것들 때문에 그렇게 생각했어. 그런데 고구마, 넌 정말 다르더라. 네가 그렇게 달콤하고 맛있는 줄 몰랐거든. 그동안 널 먹지 않았던 시간이 후회될 정도였어. 앞으로는 널 많이 먹을 거야.

④ 관찰 일기

식물이나 곤충 혹은 동물을 관찰하며 매일의 변화와 특징을 일기 형식으로 쓰는 거예요.

○월 ○일 ○요일	날씨: 맑음
구피 관찰 1일째	

작은 어항을 설치하고 구피 두 마리를 어항에 넣어 주었다.
먹이를 열 알씩 아침저녁으로 주었다.
드디어 구피를 키우다니 너무 기대된다.

○월 ○일 ○요일	날씨: 화창
구피 관찰 2일째	

구피가 싼 똥으로 인해 물이 약간 흐려졌다.
구피는 먹이도 잘 먹고 움직임도 활발하다.

○월 ○일 ○요일	날씨: 비오고 흐림
구피 관찰 3일째	

구피가 싼 똥 때문에 물이 더 흐려졌다. 약간 녹색 빛을 띠는 것 같다.
구피들은 여전히 먹이도 잘 먹고 움직임도 활발하다.

○월 ○일 ○요일	날씨: 바람 불고 추움
구피 관찰 4일째	

구피들이 싼 똥으로 인해 물이 많이 탁해졌다.
그리고 한 마리는 움직임이 많이 둔해졌다.
그래서 어항 물을 갈아 주었다.

⑤ 여행 일기

여행을 하는 동안 보고 들은 것, 느낀 것 등을 쓴 일기예요.

○월 ○일 ○요일	날씨: 매우 맑음
제주도 여행	

엄마, 아빠와 함께 제주도에 가기 위해 공항에서 비행기를 탔다.
제주 공항에 내리니 하늘이 푸르고 날씨가 무척 좋았다.
넓고 푸른 바다를 보니 마음이 시원해지는 것 같았다.
수영복을 챙겨 바다로 나갔다. 바다가 정말 넓고 파랬다.
맨발로 모래를 밟으니 기분이 이상했다. 모래성도 쌓고 바닷가에서 수영도 했다.
바닷물은 많이 짰다. 그리고 파도가 올 때 무섭기도 했지만 재미있었다.
물놀이를 실컷 한 후에는 회를 먹으러 갔다. 회가 물컹물컹해서
좀 이상했지만 매운탕은 맛있었다.
내일은 말도 타고, 제주도의 유명한 폭포를 구경하기로 해서
일찍 잠자리에 들기로 했다. 내일 하루가 기대된다.

⑥ 그 밖의 일기

그 밖에 책을 읽고 나의 감상을 적는 독후 일기, 내가 상상한 것을 쓰는 상상 일기 등 종류가 무척 다양해요. 일기는 어떤 형식이든 자유롭게 자신의 생각을 적어 나가는 게 무엇보다 중요해요.

문장의 종류

우리가 쓰는 문장의 종류에 대해 알고 있나요? 문장의 종류를 제대로 익히면 글을 쓸 때 내 생각이나 의견을 더 정확하고 바르게 전달할 수 있어요.

- **설명하는 문장**

  내용을 객관적으로 서술하는 문장이에요.

  예) 나는 박서연입니다.

- **물어보는 문장**

  질문할 때 쓰는 문장을 말해요.

  예) 저 친구가 박서연입니까?

- **명령하는 문장**

  명령을 할 때 쓰는 문장을 말해요.

  예) 박서연, 심부름 좀 해라.

- **권유하는 문장**

  어떤 일을 함께하자고 권유할 때 쓰는 문장을 말해요.

  예) 서연아, 함께 놀자.

- **감탄을 나타내는 문장**

  느낌이나 감탄을 나타낼 때 쓰는 문장을 말해요.

  예) 하늘이 정말 아름답구나!

세 번째 이야기

네가 읽은 책을 알려 주마

"규동아, 고모한테 '고맙습니다.' 하고 인사해야지."

엄마는 자꾸 고모에게 인사를 하라고 했지만, 규동이는 하지 않았어요. 고모에게 하나도 고맙지 않은데 어떻게 고맙다는 인사를 하겠어요.

세상에 선물할 게 얼마나 많은데 고모는 어린이날 선물로 동화책을 주는 걸까요. 변신 로봇, 장난감 자동차, 레고, 게임기까지……. 그 많은 것 중에 책 선물이라니, 규동이는 고모에게 정말 실망했어요.

"규동아, 이거 정말 재미있는 책이래. 그러니까 꼭 읽어 봐."

고모는 집으로 돌아가면서도 신신당부를 했어요. 하지만 규동이는 책을 펼쳐 보지 않았어요. 책은 일주일이 지나도록 고모가 놔

둔 그 자리에 그대로 있었지요.

규동이는 책 읽는 걸 무척 싫어해요. 만화나 영화는 누워서 쓱 보면 되는데 책은 긴 글을 한 줄 한 줄 다 읽어야 하니까 너무 귀찮았어요.

"왜 이렇게 배가 살살 아프지. 만화책을 어디에 뒀더라."

규동이는 화장실 갈 때 꼭 만화책을 가져가요. 그런데 오늘은 책상 위에 있어야 할 만화책이 보이지 않았어요. 대신 지난주에 고모에게 선물 받은 동화책이 눈에 띄지 뭐예요. 규동이는 아쉬운 대로 그 책을 덥석 집어 화장실로 뛰어갔어요.

"오, 말도 안 돼."

그런데 진짜 말도 안 되는 일이 일어났어요. 고모가 선물로 준 책이 너무너무 재미있는 거예요! 규동이는 화장실에 앉아 순식간에 한 권을 다 읽었어요.

"아, 빨리 2권 읽어야겠다."

화장실에서 나온 규동이는 재빨리 책상에 앉아 2권을 펼쳤어요. 2권은 1권보다 더 흥미진진했어요. 세상에 이렇게 재미있는 책이 있다니! 규동이가 게임보다 더 재미있다고 생각한 책은 처음이었어요.

"어머, 규동아. 너 지금 책 읽는 거야?"

엄마는 책을 읽는 규동이를 보고 깜짝 놀랐어요. 규동이가 만화책이 아닌 다른 책을 읽고 있는 건 보기 드문 모습이거든요.
　"엄마, 고모가 선물해 준 이 책, 고모 말대로 진짜 재미있어요."
　"규동이 너 웬일이야? 스스로 책 읽는 모습 되게 낯설다."
　규동이의 책 읽는 모습을 보고 놀란 건 엄마뿐만이 아니었어요. 누나도 규동이의 모습에 놀랐거든요.
　"생각보다 재미있어서……."
　규동이는 괜히 부끄러워 머리를 긁적였어요.
　"무슨 내용인데?"
　누나의 말에 규동이가 신나서 이야기를 시작했어요.
　"그러니까 주인공이 말이야……."
　그런데 이야기를 하면 할수록 자꾸 규동이의 말은 꼬이고 표정도 안 좋아졌어요. 이야기를 듣던 누나의 표정도 덩달아 안 좋아졌고요.
　"규동아, 열심히 이야기하고 있는데 정말 미안해. 그런데 대체 무슨 이야기인지 하나도 모르겠어."
　"그, 그래?"
　"응. 네가 재미있게 읽은 것 같기는 한데 내용이 정리가 안 된 것 같아. 그러니까 자꾸 횡설수설하잖아. 주인공이 한 일의 순서도 바꿔서 말하고."

"아, 그렇네."

규동이는 재미있게 읽은 책의 내용을 제대로 설명하지 못하는 자신이 조금 한심스럽게 느껴졌어요.

"규동아, 그렇다고 실망할 필요는 없어. 누구나 책 내용을 제대

로 정리해서 말하기는 힘들거든. 그래서 재미있게 읽은 책은 독서 감상문으로 내용을 정리해 두기도 해. 재미있게 읽었어도 시간이 지나면 내용이 헷갈릴 수도 있고 잊어버릴 수도 있잖아. 다른 사람에게 내용을 말할 때 정리가 잘 안 될 수도 있고."

"독서 감상문? 그게 뭔데?"

"책을 읽고 느낀 점이랑 줄거리를 쓰는 거야."

"그래? 그거 쓰면 책 내용을 오래오래 기억할 수 있어?"

"아무래도 그렇지."

"그런데 감상문이라는 건 어떻게 써?"

"책을 읽고 느낀 점이랑 줄거리를 쓰면 된다니까. 야, 근데 빨리 자야지. 이러다 늦잠 자서 내일 지각하겠다."

사실 누나도 독서 감상문을 어떻게 쓰는 게 잘 쓰는 건지 몰라 규동이의 질문에 대충 둘러대고 서둘러 방을 나갔어요. 그 바람에 규동이 머릿속에는 물음표만 남아 있었지요. 독서 감상문은 어떻게 쓰면 될까요?

어떻게 할까?

우리가 읽은 책들을 모두 기억해 내는 건 어려워요. 어떻게 하면 우리가 읽은 책들을 더 오래 기억할 수 있을까요? 책을 읽으며 지은이의 마음을 헤아려 보거나 상상해서 읽으면 책의 내용을 조금 더 잘 이해할 수 있어요. 또 책을 읽은 후 독서 감상문을 쓰면 책의 내용을 더 오래 기억할 수 있어요.

1. 독서 감상문 쓰기

① 독서 감상문은 무엇일까요?

독서 감상문은 책을 읽은 다음 책에 대한 감상과 느낌을 쓴 글이에요.

② 독서 감상문에는 무엇을 적을까요?

독서 감상문을 쓸 때에는 책 제목과 지은이, 책에 대한 내용(줄거리), 책을 읽고 난 느낌과 생각을 솔직하게 적어요.

③ 독서 감상문을 쓸 때 주의할 점은 무엇일까요?

책의 줄거리만 쓰지 않아요. 책을 읽고 난 느낌이나 기억나는 문장 등을 적어 두세요. 책의 정보(제목, 지은이, 출판사 등)를 기록해 두면 다음에 찾아볼 때 도움이 되지요. 그리고 다른 사람의 감상을 베끼지 않아요.

2. 책의 종류에 따른 독서 감상문

① 창작 동화나 전래 동화, 명작 동화 같은 이야기책을 읽고 독서 감상문을 쓸 때

주인공의 경험과 비슷한 나의 경험을 떠올려 보고 느낀 점을 솔직하게 써요.

② 인물 이야기 책을 읽고 독서 감상문을 쓸 때
인물이 겪은 일이나 인물의 행동을 보고 배울 점과 느낀 점을 적어요.

③ 과학책 등 지식 정보 책을 읽고 독서 감상문을 쓸 때
책을 읽고 새롭게 알게 된 사실에 대해 생각해 보고, 느낀 점을 솔직하게 써 봐요.

3. 여러 가지 형식의 독서 감상문

① 동시로 쓴 독서 감상문

책을 읽고 느끼고 생각한 것을 동시로 표현한 독서 감상문을 말해요.

키다리 아저씨

그림자가 길쭉한 키다리 아저씨
주디를 생각하는 마음씨도 길쭉길쭉
멀리 있는 줄 알았던 키다리 아저씨
알고 보니 늘 가까이에 있었던 키다리 아저씨

② 편지 형식의 독서 감상문

책 속 주인공에게 편지를 쓰는 형식의 독서 감상문이에요.

주디에게

주디, 안녕?
나는 너의 이야기를 읽은 서연이라고 해.
나는 네가 고아원에서 자랐다는 이야기를 듣고 너무나 안타까웠어.
엄마, 아빠랑 같이 살지 못한다면 너무 슬플 것 같거든.
그런데 넌 참 씩씩하고 밝고 멋진 것 같아.
주디 네가 키다리 아저씨의 후원으로 대학에 가게 되었을 때 나도 너무 기뻤어.
대학에서 만난 친구들도 너무 좋고, 네가 날마다 즐거운 생활을 하는 것 같아서 나도 즐겁더라. 물론 공부하는 것도 힘들고 가끔 널 속상하게 하는 친구들도 있었지만. 그리고 네 친구의 친척 아저씨인 저비스 씨를 만나게 된 것도 참 좋았어. 함께 여름을 보내게 된 것도 정말 멋지고.
네가 저비스 씨의 청혼을 받아들이지 않았을 때 나 좀 속상하고 슬펐어.
그런데 너의 키다리 아저씨가 저비스 씨였다니! 너무너무 멋지고 아름다워.

③ 일기로 쓴 독서 감상문

책을 읽고 느끼고 생각한 것을 일기로 표현한 독서 감상문을 말해요.

○월 ○일 ○요일
『키다리 아저씨』라는 책을 읽었다. 고아원에서 사는 소녀 주디가 키다리 아저씨를 만나 대학에 가서 공부도 하고 멋지게 살다가 저비스 씨를 만나 사랑에 빠지게 된다. 그런데 놀랍게도 저비스 씨가 키다리 아저씨였다. 정말 재미있는 책이다.

④ 그림으로 표현한 독서 감상문

책을 읽고 나서 인상 깊은 장면을 그림으로 그린 감상문이에요.

⑤ 마인드맵으로 독서 감상문 쓰기

책을 읽고 느낀 점을 마인드맵으로 표현한 것을 말해요. 마인드맵은 마음속에 지도를 그리듯 줄거리를 떠올리며 단어로 정리하는 방법이에요.

『키다리 아저씨』를 읽고 나서 한 마인드맵

고아원—친구들—그림자—키다리—저비스 씨—꿈—사랑

⑦ 상장으로 표현하기

책을 읽고 느낀 점을 상장으로 표현해요.

중심 문장과 뒷받침 문장

글을 쓰거나 말을 할 때 내가 전달하고자 하는 가장 중요한 내용을 중심 문장이라고 하고 그 중심 문장을 뒷받침하기 위해 덧붙이는 내용들을 뒷받침 문장이라고 해요. 문장을 쓰거나 말할 때 중심 문장과 뒷받침 문장의 관계를 잘 파악하면 내가 표현하고자 하는 내용을 더 올바르게 전달할 수 있어요.

예)

나는 독서 감상문을 쓰는 것이 매우 도움이 된다고 생각한다. 왜냐하면 아무리 재미있게 읽은 책이라도 독서 감상문을 쓰면서 한 번 정리해 두지 않으면 내용을 잊어버릴 수 있기 때문이다. 사람의 기억력은 한계가 있다. 그렇기 때문에 독서 감상문을 쓰면서 책의 내용을 한 번 더 정리해 보고, 또 내 생각과 느낌을 정리해 두는 것이 매우 큰 도움이 된다고 생각한다.

위 문장에서 중심 문장과 뒷받침 문장을 구별할 수 있나요?
가장 앞에 나온 '나는 독서 감상문을 쓰는 것이 매우 도움이 된다고 생각한다.'가 바로 중심 문장이에요. 이 중심 문장을 뒷받침해 주는 문장이 바로 뒤에 나오는 문장들이에요.
한 가지 기억해야 할 것은 중심 문장이라고 해서 모두 첫 문장에 나오지 않는다는 것이에요. 중심 문장이 맨 뒤에 나올 수도 있고 중간에 나올 수도 있다는 것을 기억해 두세요.

낭구를 찾아서

토요일 오후 승화네 반 아이들은 잔뜩 들뜬 표정으로 학교 앞에서 만났어요. 얼마 전에 부산에서 전학 온 세영이의 생일 파티에 초대 받았거든요.

세영이의 생일 파티는 조금 특별한 파티가 될 예정이었어요. 어마어마하게 맛있는 떡볶이랑 피자가 나오는 파티냐고요? 그것보다 더 특별한 이벤트가 있어요. 바로, 마술 쇼예요. 마술을 공부하는 세영이 사촌 오빠가 마술 쇼도 보여 주고, 간단한 마술도 알려 주기로 했거든요. 마술을 배울 수 있다니 정말 멋진 일이에요.

"안 있나? 내가 초대장에 지도를 그려 놨다 아이가. 그거 보고 학교 앞에서 찾아오면 된다."

태어나서 열 살이 될 때까지 부산에서 살았다는 세영이는 사투리를 써요. 말끝마다 '맞나?'와 '아이가?'를 붙이는데 처음엔 무슨 뜻인지 몰라서 아이들이 세영이가 말할 때마다 고개를 갸웃거렸어요.

"다 모였지? 그럼 이제 출발해 볼까?"

회장인 승화는 세영이가 준 초대장을 펴고 지도를 보았어요. 학교 앞에서 세영이의 집까지 가는 길이 그려진 지도예요. 하지만 세영이가 엉성하게 그린 거라 교과서에서 본 지도나 김정호가 그렸다는 대동여지도처럼 근사하진 않아요.

"아파트면 조금 더 찾기 쉬울 텐데."

미리가 복잡한 지도를 보고 투덜거렸어요. 세영이는 학교 건너편의 주택 단지에 살고 있어서 아파트처럼 동호수가 건물에 쓰여 있진 않아요.

"우선 횡단보도를 건너서 큰 마트를 지나라고 했으니까 횡단보도부터 건너자."

승화와 아이들은 횡단보도를 건너자마자 두리번거렸어요.

"어, 지도에는 건널목을 건너면 큰 마트가 있다고 되어 있는데, 어디 있지?"

지도에는 횡단보도와 아주 가까운 곳에 큰 마트가 그려져 있었어요. 하지만 횡단보도 상가에는 큰 마트가 보이지 않았어요.

"위로 조금 더 가야 하는 걸까?"
"아냐. 주택 단지는 아래쪽인걸."
아이들은 지도를 펴 놓고 우왕좌왕했어요.
"안 되겠다. 세영이한테 전화해 보자."

승화는 휴대폰을 꺼내서 세영이의 집으로 전화를 걸었어요. 잠시 뒤에 전화를 받은 세영이는 길을 찾지 못하겠다는 승화의 말을 듣고 웃으며 대답했어요.
"큰 마트를 몬 찾았다고? 내가 설명해 줄게. 잘 들으래이."
"어, 잠깐만."
승화는 가방에서 볼펜을 꺼냈어요. 세영이가 설명해 준 내용을 지도에 적어 두면 다른 친구들도 함께 볼 수 있을 테니까요.
"큰 마트는 안 있나. 거 상가 아래로 쪼매만 가서 이짝을 보면 있을 끼다. 큰 마트 지나믄 낭구 많은 데가 보이거든. 낭구 많은 데를 지나 그 우짝으로 난 길 끝티까지 오다 보믄 길이 노나진 데가 보인다. 길 노나진 데서 왼쪽 길로 올라온나. 쪼매만 올라오면 길이 노나진 데가 또 한 번 나온다.

거서 오른쪽 길로 오면 시 번째 집이 우리 집 아이가. 알겠나? 찾아올 수 있제? 퍼뜩 온나!"

"어?"

승화는 세영이가 하는 말이 한국말인데도 불구하고 알아들을 수가 없었어요. 초대장에 승화가 적어 놓은 것을 읽은 아이들도 마찬가지였어요.

"상가 아래로 쪼매 가서 이짝을 보면 있는 큰 마트, 그걸 지나믄 낭구 많은 곳. 낭구 많은 곳을 지나 우짝으로 가면 길이 노나진 곳이 나옴. 길 노나진 곳에서 왼쪽 길로 올라오면 또 길이 노나진 곳이 나오는데, 오른쪽 길로 오면 시 번째 집이 세영이 집."

미리가 털썩 주저앉았어요.

"말도 안 돼. 이런 설명을 이해하고 세영이 집을 찾아가는 사람이 있으면 그 사람은 천재다."

연호도 얼굴을 잔뜩 찡그렸어요.

"쪼매가 대체 얼마큼이야?"

서연이도 투덜거렸어요.

"세영이가 사투리를 심하게 쓰는 건 알았지만 낯선 길을 사투리로 설명해 주니 하나도 못 알아듣겠다. 완전 다른 나라 말 같아."

승화는 자신이 쓴 글을 다시 꼼꼼하게 살펴보았어요. 세영이에게 다시 전화를 해도 더 나은 설명을 해 줄 것 같지 않았거든요. 글을 천천히 읽어 본 승화는 세영이의 설명을 알아들을 수 없는 건 사투리로 설명했기 때문만은 아니라는 걸 알아챘어요. 정확하게 거리나 시간을 설명하지 않고 '큰 마트', '조금만 올라오면' 같은 애매한 표현들을 써서 설명했기 때문이었지요.

"음, 우선 상가 끝까지 걸어가 보자. 이 설명대로라면 상가의 아래쪽으로 난 길에 큰 마트가 있을지도 모르잖아."

아이들은 승화의 말에 고개를 끄덕이고는 터벅터벅 걸었어요.

"어, 정말 큰 마트 입구가 보이네."

5분쯤 걷자 길 끝에 아래로 내려가는 계단이 있고 계단의 왼쪽 측면에 큰 마트의 입구가 보였어요.

"여기가 큰 마트니까 큰 마트를 지나서 있는 낭구 많은 곳을 찾으면 되겠지. 그런데 대체 낭구가 뭐냐?"

미리의 말에 서연이가 고개를 갸웃거리다 말했어요.

"지도를 보면 될 것 같아."

아이들은 지도를 살펴보았어요. 큰 마트 지난 곳에 초록색 삼각형으로 표시된 것이 여러 개 있었어요.

"이거 나무 아냐?"

연호의 말에 아이들 모두 손뼉을 쳤어요.

"저기 있다. 나무 많은 곳!"

미리가 가리키는 곳을 보니 큰 마트에서 500미터쯤 떨어진 곳에 나무가 많은 공원이 보였어요.

"우리 꼭 명탐정 같다."

경수의 말에 아이들이 까르르 웃음을 터뜨렸어요.

"서둘러야 해. 2시까지 15분밖에 안 남았어."

승화는 나무가 많은 공원을 향해 성큼성큼 걸어가며 말했어요. 아이들도 승화의 뒤를 따라 걸었어요.

"이 공원에서 우짝으로 난 길이라 했는데. 흠, 우짝은 무슨 뜻일까? 오른 우니까 오른쪽? 아니면 위쪽?"

서연이의 말에 아이들도 모두 고개를 갸웃거렸어요.

"위쪽이 맞을 것 같아. 위쪽으로 가 보니 사거리처럼 길이 나뉜 데가 있더라고."

어느새 위쪽까지 뛰어 올라갔다 왔는지 승화가 숨을 헐떡거리며 말했어요.

"어서, 가 보자."

아이들은 승화를 따라 위쪽으로 걸어 올라가다가 길이 나누어진 곳에서 왼쪽 길로 갔어요. 다시 나타난 갈림길에서는 오른쪽으로 갔어요.

"저기다! 저기가 세영이 집인 것 같아."

아이들은 초록색 지붕 집을 가리키며 팔짝팔짝 뛰었어요.

"난 세영이한테 생일 선물로 세영이 집 가는 길을 설명해 주는 설명문을 써 줄 거야. 누구나 이해할 수 있게 말이야."

승화는 이마의 땀을 닦으며 말했어요.

"참, 거리와 시간 표현도 정확하게 부탁해."

서연이는 승화의 말에 정색하고 맞장구를 쳤어요.

서연이와 승화가 나눈 진지한 대화에 모두 웃음을 터뜨렸어요.

세영이가 만든 초대장에는 어떤 점이 부족했던 걸까요? 승화와 서연이가 세영이에게 만들어 줄 설명문은 어떤 모습일까요?

어떻게 할까?

생활하다 보면 낯선 물건을 사용해야 하거나 낯선 곳에 방문해야 할 때가 있어요. 이럴 때 설명문은 아주 큰 도움이 된답니다. 설명문은 어떤 지식이나 정보를 이해하기 쉽게 설명해 주는 글이거든요. 설명문은 생활 곳곳에서 볼 수 있어요. 약도뿐만 아니라 장난감이나 가전제품을 사면 들어 있는 설명서, 라면 포장지 뒤에 있는 조리법, 약을 구입하면 함께 들어 있는 복용법과 주의 사항까지 이 모든 게 설명문이에요. 그럼 누구나 이해하기 쉬운 설명문은 어떻게 써야 할까요? 승화와 친구들의 설명을 잘 들어 보세요.

1. 누구나 이해할 수 있는 설명문

표준어와 방언의 정의

표준어
한 나라에서 공용어로 쓰는 규범으로서의 언어.
의사소통의 불편을 덜기 위하여 전 국민이 공통적으로 쓸
공용어의 자격을 부여받은 말로, 우리나라에서는 교양 있는
사람들이 두루 쓰는 현대 서울말로 정함을 원칙으로 한다.

방언
어느 한 지방에서만 쓰는, 표준어가 아닌 말.

2. 설명문 쓰기

세영이네 찾아가는 방법을 알려 주는 설명문을 다시 써 보세요. 아래는 승화가 다시 쓴 글이랍니다.

재미있는 마술 쇼도 보고, 간단한 마술도 배울 수 있는 세영이의 생일 파티에 초대합니다. 세영이의 생일 파티는 ○월 ○일 토요일 2시에 세영이의 집에서 열립니다. 아래 글과 지도를 보고 세영이의 집에 놀러 오세요.

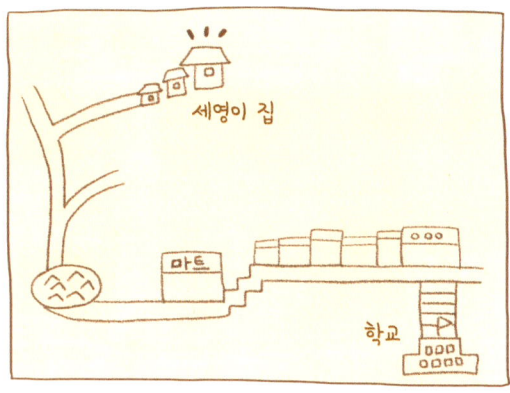

세영이의 집은 학교에서 1킬로미터 정도 떨어져 있는 송화동 45번지에 위치하고 있어요.

우선, 학교 앞에 있는 횡단보도를 건너요. 건너편에 있는 상가를 따라 5분 정도 걸으면 아래로 내려가는 계단이 나와요. 그 계단에서 왼쪽을 바라보면 ○○마트 간판이 보인답니다. ○○마트를 지나 100미터쯤 걸으면 소나무가 많이 있는 작은 공원이 있어요. 공원을 지나 걸어 올라가다 보면 갈림길이 두 번 나와요. 첫 번째 갈림길에서는 왼쪽 길로 가고, 두 번째 갈림길에서는 오른쪽 길로 가요. 거기서 세 번째 위치한 초록색 지붕 집이 바로 세영이의 집이에요.

사실과 의견

어떤 생각을 말하거나 글로 표현할 때에는 나의 생각이 검증된 사실인지 아니면 내 의견인지 명확하게 구분해 줘야 해요.
다음 세영이가 쓴 글을 보고 세영이의 의견과 사실을 구분해 볼까요?

예) 내 고향 부산은 정말 아름다운 곳이에요. 서울 다음으로 큰 도시인 부산은 항구 도시예요. 해운대와 태종대 등 관광지도 있고, 자갈치 시장이라는 큰 수산 시장도 있어요. 정말 살기 좋은 곳이에요.

- 사실을 나타내는 문장
  ⇨ 서울 다음으로 큰 도시인 부산은 항구 도시예요.
  ⇨ 해운대와 태종대 등 관광지가 있고, 자갈치 시장이라는 큰 수산 시장이 있어요.

- 의견을 나타내는 문장
  ⇨ 부산은 아름다운 곳이에요.
  ⇨ 살기 좋은 곳이에요.

글을 쓰거나 말할 때 사실과 의견을 구분해서 써야 하는 이유는 무엇일까요? 다른 사람의 생각이나 의견을 내가 말한 것처럼 쓰면 안 되기 때문이에요. 말과 글에도 저작권이 있거든요. 또한 사실과 의견을 구분해서 쓰지 않으면 듣는 사람이 혼동을 겪을 수 있어요. 그래서 글을 쓸 때에는 사실과 의견을 정확히 구분해서 써야 하고, 남의 글이나 말을 가져올 때에는 인용이라는 것을 덧붙여야 해요.

삼총사의 우정을 근거로!

"미, 미안해. 난 못 가."

서연이는 눈물을 머금고 친구들을 바라보며 말했어요.

지금 서연이는 간절하게 친구들과 함께 놀러 가고 싶었어요. 시현이랑 다인이가 새로 생긴 뽑기방에 인형 뽑기를 하러 간다고 했거든요. 인형 뽑기를 한 뒤에는 미미 분식에서 떡볶이도 먹을 거라고 했어요.

이 코스는 서연이와 친구들에게 최고의 코스지만 지금 서연이는 돈이 한 푼도 없어서 함께 갈 수 없었어요. 용돈이 민망할 정도로 적은 탓에 이미 다 쓰고 말았거든요. 서연이가 한 달 동안 받는 용돈은 친구들이 깜짝 놀랄 정도로 적었어요.

"엄마가 밥 먹여 주지, 간식 주지, 준비물도 다 사 주는데 용돈이 왜 더 필요해! 지금 받는 용돈이 그렇게 불만이면 아예 받지 마!"

서연이가 용돈을 올려 달라고 하면 엄마는 늘 이렇게 말해요. 서연이의 엄마는 소문난 짠순이예요.

하지만 지금 받는 용돈으로는 친구들하고 제대로 놀 수가 없어요. 친구들하고 인형 뽑기방도 가고, 가끔 트램펄린도 타러 가고, 또 떡볶이랑 아이스크림이랑 와플도 사 먹어야 한다고요. 엄마가 주는 용돈은 이걸 다 하기엔 너무 부족하단 말이에요.

"인형 뽑기는 내가 시켜 줄게."

친구들과 헤어져 집으로 가려는데 다인이가 붙잡았어요.

"그럼 떡볶이는 내가 사 줄게. 그러지 말고 같이 가자."

시현이도 서연이의 팔짱을 꼈어요.

"그래, 우리는 삼총사인데 뭐든 같이 해야지."

다인이의 말에 서연이는 감동해서 눈물이 날 것 같았어요.

"아니야. 지난번에도 너희가 아이스크림에 우정 반지까지 사 줬잖아. 나도 염치가 있지. 어떻게 또 얻어먹어."

서연이는 친구들의 팔짱을 뺐어요. 매번 친구들에게 얻어먹을 수는 없었어요.

"너희 엄마께 용돈을 더 받을 수 있는 방법이 없을까?"

"수학 경시대회에서 백 점 맞았는데도 소용없었어."
"으악, 정말?"
서연이의 말에 시현이가 눈살을 찌푸렸어요.
"친척들한테 받는 용돈 같은 건 없어?"
다인이의 말에 서연이는 푸념을 했어요.
"그건 엄마가 내 이름으로 된 통장에 다 저축해. 지금까지 모은 돈이 천만 원 가까이 된대."
"서연아, 너 재벌이네!"
"재벌은 무슨. 지금 당장 떡볶이 사 먹을 오백 원도 없잖아."
서연이가 땅이 꺼지도록 한숨을 쉬자 다인이와 시현이도 함께 한숨을 쉬었어요.
"철벽 서연이 엄마를 설득해서 서연이 용돈을 올릴 방법이 없을까? 삼총사인데 셋이서 할 수 있는 게 별로 없잖아."
시현이의 말에 서연이가 격하게 고개를 끄덕였어요. 용돈이 부족하다고 만날 친구들에게 얻어먹을 수도 없고, 돈이 없다고 친구들과 못 노는 건 너무 슬픈 일이잖아요.
"맞다! 너희 엄마 책 읽고 글 쓰는 거 좋아하신다며. 글로 엄마를 설득해 보면 어때?"
갑자기 다인이가 무릎을 치며 말했어요.

"그거 좋은 생각이다. 서연이 엄마 꿈이 작가였다면서. 네가 그럴싸하게 글을 써서 보여 드리면 완전 감동해서 용돈을 올려 주실지도 몰라."

다인이의 말에 시현이가 박수를 치며 좋아했어요.

"그러니까 용돈을 올려 달라고 글을 써서 엄마를 설득해라 이거지? 오호, 좋은 생각인데."

서연이도 친구들의 생각이 멋진 것 같았어요. 왜 한 번도 이런 생각을 해 보지 않았을까요. 그동안 용돈을 올려 달라고 조르기만 하는 서연이가 엄마 눈에는 별로 좋아 보이지 않았을 거예요. 하지만 근거를 들어 설득력 있게 용돈을 올려 달라고 주장하는 글을 쓴다면 엄마의 반응도 다르지 않을까요?

"그런데 용돈을 올려 달라고 주장하려면 어떻게 글을 시작해야 하지?"

"우선 설득에 도움이 될 만한 근거를 모으자."

시현이의 말에 모두가 고개를 끄덕였어요.

"요즘 우리 반 아이들이 받는 용돈의 평균을 조사하자. 그리고 용돈이 친구들 관계에 미치는 영향에 대해서도 쓰고."

"와, 다인아. 너 정말 똑똑하다!"

서연이는 얼른 가방에서 공책과 연필을 꺼냈어요. 친구들이 말하는 걸 적어 두고 싶었거든요.

"우리 이럴 게 아니라 미미 분식에 가서 본격적으로 써 보자. 근거를 여러 개 정리해서 써야 더 설득력 있을 거 아냐. 떡볶이는 내가 쏠게."

"그래, 나도 열심히 돕겠어. 알지? 나 지난번에 과학 글짓기 대회에서 무려 최우수상 받은 몸이라는 거."

시현이와 다인이의 말에 서연이가 친구들을 끌어안았어요.

"고마워. 너희는 진정한 내 베스트 프렌드야! 이 글을 멋지게 써서 용돈 더 받으면 그땐 내가 쏠게."

삼총사는 신이 나서 미미 분식으로 달려갔어요. 서연이는 용돈 올리기 작전을 성공할 수 있을까요? 다른 사람을 설득하기 위해 글을 잘 쓰려면 어떤 점을 고려해야 할까요?

어떻게 할까?

내 생각이나 주장 혹은 의견을 누군가에게 전달해야 할 때가 있어요. 이때 명확한 이유나 근거 없이 내 생각과 주장을 펼치면 고집스럽거나 합리적이지 못한 사람으로 보일 수 있어요. 내 생각과 주장을 펼칠 때에는 그에 대한 명확한 근거나 이유를 잘 들어야 해요. 그리고 근거나 이유를 어디에 배치하느냐에 따라 글을 읽는 사람에게 전혀 다른 느낌을 줄 수 있답니다. 내 생각을 논리적으로 전달하기 위해서는 명확하게 글을 쓰는 연습이 중요해요.

1. 주장하는 글

주장하는 글이란 나의 생각이나 주장을 펼치기 위해 쓴 글을 말해요.

① 주장하는 글을 쓸 때 꼭 들어가야 하는 것이 있어요.

- 나의 주장
- 내가 이런 주장을 펼치는 이유
- 나의 주장을 뒷받침할 수 있는 객관적인 근거

② 주장하는 글은 서론, 본론, 결론을 갖추어서 써요.

- 서론 – 내가 주장을 펼치려는 이유
- 본론 – 나의 주장과 주장에 대한 객관적인 근거
- 결론 – 요약 마무리

③ 주장하는 글을 평가해요.

주장하는 글을 읽고 주장이 타당한지, 주장에 대한 근거가 객관적이고 합리적인지 살펴보아요.

2. 문장 이어 쓰기 연습

주장하는 글을 잘 쓰기 위해서 이유와 결과가 드러나게 문장 이어 쓰기를 연습해 보면 좋아요.

① 이유를 나타내는 문장 이어 쓰기

예)
바람이 붑니다.
그래서 모자가 날아갔습니다.
⋯▷ 바람이 불어서 모자가 날아갔습니다.

서연이는 넘어졌습니다. 왜냐하면 미끄러졌기 때문입니다.
⋯▷ 서연이는 미끄러졌기 때문에 넘어졌습니다.

② 결과를 나타내는 문장 이어 쓰기

예)
밥을 빨리 먹었습니다. 그래서 체했습니다.
⋯▶ 밥을 빨리 먹어서 체했습니다.

지각을 했습니다. 왜냐하면 늦잠을 잤기 때문입니다.
⋯▶ 늦잠을 잤기 때문에 지각을 했습니다.

접속어

접속어란 단어와 단어, 구절과 구절 혹은 문장과 문장을 이어 주는 말이에요. 지금부터 접속어의 종류에 대해 알아보아요.

- 앞뒤 문장의 내용이 반대되지 않고 이어지는 관계일 때 쓰는 접속어
  → 그리고, 그래서, 그러므로, 이와 같이, 따라서
- 앞 문장과 뒤에 오는 문장이 반대되거나, 앞의 내용을 부정하는 내용을 뒤에 연결할 때 쓰는 접속어
  → 그러나, 그렇지만, 하지만, 그래도, 반면에
- 원인을 나타내는 문장과 결과를 나타내는 문장을 이어 주는 접속어
  → 그러므로, 따라서, 그래서, 그러니까, 왜냐하면
- 앞에 나온 내용과 뒤에 나온 내용을 대등하게 연결해 주는 접속어
  → 및, 한편, 또는, 혹은
- 앞에 나온 내용을 강조하거나 보충해 주도록 연결해 주는 접속어
  → 그리고, 더욱, 더구나, 게다가, 아울러
- 앞의 내용을 바꾸어 말하거나 짧게 요약할 때 연결해 주는 접속어
  → 곧, 즉, 결국, 바꾸어 말하면, 요컨대, 다시 말하면
- 앞의 내용과는 다른 내용이 뒤에 올 때 연결해 주는 접속어
  → 그런데, 그러면, 아무튼, 한편
- 앞의 내용을 구체적으로 설명하기 위해 예를 들 때 연결해 주는 접속어
  → 이를테면, 예를 들면, 가령, 예컨대

돋보이는 말하기
눈에 띄는 글쓰기

말을 할 때나 글을 쓸 때
표현을 더해 주는 말을 배워 보아요.

1. 비슷한 말과 반대말

어떤 단어와 비슷한 뜻을 가졌거나 반대의 뜻을 가진 말을 말해요.
다른 말로 유의어, 반의어라고 하지요.

뜻이 비슷한 말(유의어)

달리다	−	뛰다
마을	−	동네
즐겁다	−	신나다
식구	−	가족
친구	−	동무
마지막	−	끝
아래	−	밑

뜻이 반대되는 말(반의어)

크다	↔	작다
좁다	↔	넓다
많다	↔	적다
진실	↔	거짓
밝다	↔	어둡다
가깝다	↔	멀다
안	↔	밖

들어오다 ↔ 나가다
남자 ↔ 여자
도시 ↔ 시골

2. 포함하는 말과 포함되는 말

다른 단어를 포함하는 말과 다른 단어에 포함되는 말을 말해요.
상의어, 하의어라고도 해요.

상의어	–	하의어
동물	–	강아지
식물	–	장미
옷	–	바지
채소	–	파
가구	–	침대
신발	–	구두
악기	–	피아노
색깔	–	노란색

3. 소리를 흉내 내는 말과 모양을 흉내 내는 말

소리를 흉내 내는 말을 의성어, 모양이나 행동을 흉내 내는 말을 의태어라고 해요.

소리를 흉내 내는 말(의성어)

꼬르륵: 배가 고플 때 나는 소리를 흉내 내는 말.

아삭아삭: 무언가를 씹을 때 나는 소리를 흉내 내는 말.

철썩철썩: 파도가 칠 때 나는 소리를 흉내 내는 말.

모양을 흉내 내는 말(의태어)

아장아장: 아기가 걷는 모양을 흉내 내는 말.

뭉게뭉게: 연기나 구름이 둥근 모양으로 잇따라 나오는 모양을 흉내 내는 말.

데굴데굴: 무언가 굴러가는 모양을 흉내 내는 말.

4. 두 개 이상의 단어가 결합한 단어

두 개 이상의 단어가 각자 가지고 있는 뜻을 살려 결합한 단어를 합성어라고 해요.

책가방 ⋯> 책 + 가방: 책이나 학용품을 담는 가방.

미역국 ⋯> 미역 + 국: 미역을 넣어 끓인 국.

오리걸음 ⋯> 오리 + 걸음: 오리처럼 뒤뚱거리며 걷는 걸음.

고무신 ⋯> 고무 + 신: 고무로 만든 신.

돌다리 ⋯> 돌 + 다리: 돌로 만든 다리.

5. 혼자 쓸 수 있는 낱말과 혼자 쓸 수 없는 낱말을 조합한 단어

혼자 쓰일 수 있는 낱말과 혼자 쓰일 수 없는 낱말이 결합해서 뜻을 가지게 된 단어예요.

겁쟁이: 겁 + 쟁이

겁이 많은 사람을 가리키는 말로, 혼자 쓰일 수 있는 '겁'과 혼자 쓰일 수 없는 '쟁이'가 합쳐진 말.

풋고추: 풋 + 고추

덜 익은 고추라는 말로, 혼자 쓰일 수 없는 '풋'과 혼자 쓰일 수 있는 '고추'가 합쳐진 말.

맨손: 맨 + 손

아무것도 걸치지 않은 있는 그대로의 손을 가리키는 말로, 혼자 쓰일 수 없는 '맨'과 혼자 쓰일 수 있는 '손'이 합쳐진 말.

6. 순우리말

우리말 중에서 고유어만을 이르는 말이에요.

미리내: 은하수를 뜻하는 순우리말.

모꼬지: 놀이, 잔치와 같은 일로 여러 사람이 모이는 일을 뜻하는 순우리말.

7. 한자어

중국에서 한자를 빌려 쓰던 관습 때문에 우리말 속에 남아 있는 한자로 된 말을 말해요.

근래(近 가까울 근, 來 올 래)
가까운 요즈음이라는 뜻.

내일(來 올 래, 日 해 일)
오늘 바로 다음에 오는 날이라는 뜻.

시계(時 때 시, 計 셀 계)
시간을 재거나 시각을 나타내는 기계나 장치를 통틀어 이르는 말.

8. 외래어

외국에서 들어온 말로 우리말로 바꿀 수 없어 그대로 사용하는 말을 말해요.

아파트(apartment)
공동 주택 양식의 하나로 5층 이상의 건물을 층마다 여러 집으로 일정하게 구획해 각각 독립된 가구가 생활할 수 있도록 만든 주거 형태를 가리켜요. 우리말로 바꿀 말이 없어요.

로션(lotion)
피부나 몸에 바르는 화장품을 뜻하는 말로 우리말로 바꿀 말이 없어요.

피자(pizza)
밀가루 반죽 위에 토마토, 치즈, 피망, 고기 따위를 얹어 구운 이탈리아 음식으로 우리말로 바꿀 말이 없어요.

9. 관용구

특정한 상황에서 흔히 쓰는 말과 표현을 관용구라고 해요.

더위를 먹다.
더위 때문에 건강에 문제가 생겨 아플 때 더위를 먹었다고 말해요.

간에 기별도 안 가다.
음식을 먹었는데 양껏 먹지 못해 간까지 소식도 못 전한다는 말을 의미해요.

문턱이 닳도록 드나들다.
문턱이 닳을 만큼 몹시 많이 드나들었다는 것을 의미하는 말이에요.

발이 넓다.
사교적이어서 아는 사람이 많다는 뜻이에요.

10. 헷갈리기 쉬운 표현

잘못된 표현		옳은 표현
새들이 날라갔다.	⇢	새들이 날아갔다.
병이 다 낳은 거니?	⇢	병이 다 나은 거니?
산을 너머갔다.	⇢	산을 넘어갔다.
엄마가 옷을 달이셨다.	⇢	엄마가 옷을 다리셨다.
약을 다리고 계시는 할머니	⇢	약을 달이고 계시는 할머니
들은 데로 말해라.	⇢	들은 대로 말해라.
넓은 대로 가고 싶다.	⇢	넓은 데로 가고 싶다.
나물을 맛있게 묻힌다.	⇢	나물을 맛있게 무친다.